U0574602

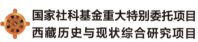中国社会科学院创新工程学术出版资助项目

国家社科基金重大特别委托项目
西藏历史与现状综合研究项目

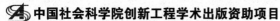中国社会科学院创新工程学术出版资助项目

国家社科基金重大特别委托项目
西藏历史与现状综合研究项目

基于和谐社会建设的
拉萨社区治理研究

高大洪　著

社会科学文献出版社
SOCIAL SCIENCES ACADEMIC PRESS (CHINA)

西藏历史与现状综合研究项目
编　委　会

名誉主任　江蓝生

主　　任　郝时远

副主任　晋保平

成　　员　（按姓氏音序排列）

旦增伦珠　尕藏加　郝时远

何宗英　胡　岩　江蓝生　晋保平

刘晖春　马加力　石　硕　宋月华

苏发祥　许德存（索南才让）

许广智　杨　群　扎　洛　张　云

仲布·次仁多杰　周伟洲　朱　玲

总　序

郝时远

　　中国的西藏自治区，是青藏高原的主体部分，是一个自然地理、人文社会极具特色的地区。雪域高原、藏传佛教彰显了这种特色的基本格调。西藏地区平均海拔 4000 米，是人类生活距离太阳最近的地方；藏传佛教集中体现了西藏地域文化的历史特点，宗教典籍中所包含的历史、语言、天文、数理、哲学、医学、建筑、绘画、工艺等知识体系之丰富，超过了任何其他宗教的知识积累，对社会生活的渗透和影响十分广泛。因此，具有国际性的藏学研究离不开西藏地区的历史和现实，中国理所当然是藏学研究的故乡。

　　藏学研究的历史通常被推溯到 17 世纪西方传教士对西藏地区的记载，其实这是一种误解。事实上，从公元 7 世纪藏文的创制，并以藏文追溯世代口传的历史、翻译佛教典籍、记载社会生活的现实，就是藏学研究的开端。同一时代汉文典籍有关吐蕃的历史、政治、经济、文化、社会生活及其与中原王朝互动关系的记录，就是中国藏学研究的本土基础。现代学术研究体系中的藏学，如同汉学、东方学、蒙古学等国际性的学问一样，曾深受西学理论和方法的影响。但是，西学对中国的研究也只能建立在中国历史资料和学术资源基础之上，因为这些历史资料、学术资源中所蕴含的不仅是史实，而且包括了古代记录者、撰著者所依据的资料、分析、解读和观念。因此，中国现代藏学研究的发展，不仅需要参考、借鉴和吸收西学的成就，而且必须立足本土的传统，光大中国藏学研究的中国特色。

作为一门学问，藏学是一个综合性的学术研究领域，"西藏历史与现状综合研究项目"即是立足藏学研究综合性特点的国家社会科学基金重大特别委托项目。自 2009 年"西藏历史与现状综合研究项目"启动以来，中国社会科学院建立了项目领导小组，组成了专家委员会，制定了《"西藏历史与现状综合研究项目"管理办法》，采取发布年度课题指南和委托的方式，面向全国进行招标申报。几年来，根据年度发布的项目指南，通过专家初审、专家委员会评审的工作机制，逐年批准了一百多项课题，约占申报量的十分之一。这些项目的成果形式主要为学术专著、档案整理、文献翻译、研究报告、学术论文等类型。

承担这些课题的主持人，既包括长期从事藏学研究的知名学者，也包括致力于从事这方面研究的后生晚辈，他们的学科背景十分多样，包括历史学、政治学、经济学、民族学、人类学、宗教学、社会学、法学、语言学、生态学、心理学、医学、教育学、农学、地理学和国际关系研究等诸多学科，分布于全国 23 个省、自治区、直辖市的各类科学研究机构、高等院校。专家委员会在坚持以选题、论证等质量入选原则的基础上，对西藏自治区、青海、四川、甘肃、云南这些藏族聚居地区的学者和研究机构，给予了一定程度的支持。这些地区的科学研究机构、高等院校大都具有藏学研究的实体、团队，是研究西藏历史与现实的重要力量。

"西藏历史与现状综合研究项目"具有时空跨度大、内容覆盖广的特点。在历史研究方面，以断代、区域、专题为主，其中包括一些历史档案的整理，突出了古代西藏与中原地区的政治、经济和文化交流关系；在宗教研究方面，以藏传佛教的政教合一制度及其影响、寺规戒律与寺庙管理、僧人行止和社会责任为重点，突出了藏传佛教与构建和谐社会的关系；在现实研究方面，则涉及政治、经济、文化、社会和生态环境等诸多领域，突出了跨越式发展和长治久安的主题。

在平均海拔 4000 米的雪域高原，实现现代化的发展，是中国改革开放以来推进经济社会发展的重大难题之一，也是没有国际经验可资借鉴的中国实践，其开创性自不待言。同时，以西藏自治区现代化为主题的经济社会发展，不仅面对地理、气候、环境、经济基础、文化特点、社会结构等特殊性，而且面对境外达赖集团和西方一些所谓"援藏"势力制造的"西藏问题"。因此，这一项目的实施也必然包括针对这方面的研究选题。

所谓"西藏问题"是近代大英帝国侵略中国、图谋将西藏地区纳入其殖民统治而制造的一个历史伪案，流毒甚广。虽然在一个世纪之后，英国官方承认以往对中国西藏的政策是"时代错误"，但是西方国家纵容十四世达赖喇嘛四处游说这种"时代错误"的国际环境并未改变。作为"时代错误"的核心内容，即英国殖民势力图谋独占西藏地区，伪造了一个具有"现代国家"特征的"香格里拉"神话，使旧西藏的"人间天堂"印象在西方社会大行其道，并且作为历史参照物来指责 1959 年西藏地区的民主改革、诋毁新西藏日新月异的现实发展。以致从 17 世纪到 20 世纪上半叶，众多西方人（包括英国人）对旧西藏黑暗、愚昧、肮脏、落后、残酷的大量实地记录，在今天的西方社会舆论中变成讳莫如深的话题，进而造成广泛的"集体失忆"现象。

这种外部环境，始终是十四世达赖喇嘛及其集团势力炒作"西藏问题"和分裂中国的动力。自 20 世纪 80 年代末以来，随着前苏联国家裂变的进程，达赖集团在西方势力的支持下展开了持续不断、无孔不入的分裂活动。达赖喇嘛以其政教合一的身份，一方面在国际社会中扮演"非暴力"的"和平使者"，另一方面则挑起中国西藏等地区的社会骚乱、街头暴力等分裂活动。2008 年，达赖集团针对中国举办奥运会而组织的大规模破坏活动，在境外形成了抢夺奥运火炬、冲击中国大使馆的恶劣暴行，在境内制造了打、砸、烧、杀的严重罪行，其目的就是要使所谓"西藏问题"弄假成真。而一些西方国家对此视而不见，则大都出于"乐观其成"的"西化""分化"中国的战略意图。其根本原因在于，中国的经济社会发展蒸蒸日上，西藏自治区的现代化进程不断加快，正在彰显中国特色社会主义制度的优越性，而西方世界不能接受中国特色社会主义取得成功，达赖喇嘛不能接受西藏地区彻底铲除政教合一封建农奴制度残存的历史影响。

在美国等西方国家的政治和社会舆论中，有关中国的议题不少，其中所谓"西藏问题"是重点之一。一些西方首脑和政要时不时以会见达赖喇嘛等方式，来表达他们对"西藏问题"的关注，显示其捍卫"人权"的高尚道义。其实，当"西藏问题"成为这些国家政党竞争、舆论炒作的工具性议题后，通过会见达赖喇嘛来向中国施加压力，已经成为西方政治作茧自缚的梦魇。实践证明，只要在事实上固守"时代错误"，所谓"西藏问题"的国际化只能导致搬石砸脚的后果。对中国而言，内因是变化的依据，外因是变化的条件这一哲学原理没有改变，推进"中国特色、西藏特点"现代化建设的时间表是由中国确定的，中国具备抵御任何外部势力破坏国家统一、民族团结、社会稳定的能力。从这个意义上说，本项目的实施不仅关注了国际事务中的涉藏斗争问题，而且尤其重视西藏经济社会跨越式发展和长治久安的议题。

在"西藏历史与现状综合研究项目"的实施进程中，

贯彻中央第五次西藏工作座谈会的精神，落实国家和西藏自治区"十二五"规划的发展要求，是课题立项的重要指向。"中国特色、西藏特点"的发展战略，无论在理论上还是在实践中，都是一个现在进行时的过程。如何把西藏地区建设成为中国"重要的国家安全屏障、重要的生态安全屏障、重要的战略资源储备基地、重要的高原特色农产品基地、重要的中华民族特色文化保护地、重要的世界旅游目的地"，不仅需要脚踏实地地践行发展，而且需要科学研究的智力支持。在这方面，本项目设立了一系列相关的研究课题，诸如西藏跨越式发展目标评估，西藏民生改善的目标与政策，西藏基本公共服务及其管理能力，西藏特色经济发展与发展潜力，西藏交通运输业的发展与国内外贸易，西藏小城镇建设与发展，西藏人口较少民族及其跨越式发展等研究方向，分解出诸多的专题性研究课题。

注重和鼓励调查研究，是实施"西藏历史与现状综合研究项目"的基本原则。对西藏等地区经济社会发展的研究，涉面甚广，特别是涉及农村、牧区、城镇社区的研究，都需要开展深入的实地调查，课题指南强调实证、课题设计要求具体，也成为这类课题立项的基本条件。在这方面，我们设计了回访性的调查研究项目，即在 20 世纪五六十年代开展的藏区调查基础上，进行经济社会发展变迁的回访性调查，以展现半个多世纪以来这些微观社区的变化。这些现实性的课题，广泛地关注了经济社会的各个领域，其中包括人口、妇女、教育、就业、医疗、社会保障等民生

改善问题，宗教信仰、语言文字、传统技艺、风俗习惯等
文化传承问题，基础设施、资源开发、农牧业、旅游业、
城镇化等经济发展问题，自然保护、退耕还林、退牧还草、
生态移民等生态保护问题，等等。我们期望这些陆续付梓
的成果，能够从不同侧面反映西藏等地区经济社会发展的
面貌，反映藏族人民生活水平不断提高的现实，体现科学
研究服务于实践需求的智力支持。

如前所述，藏学研究是中国学术领域的重要组成部分，
也是中华民族伟大复兴在学术事业方面的重要支点之一。
"西藏历史与现状综合研究项目"的实施涉及的学科众多，
它虽然以西藏等藏族聚居地区为主要研究对象，但是从学
科视野方面进一步扩展了藏学研究的空间，也扩大了从事
藏学研究的学术力量。但是，这一项目的实施及其推出的
学术成果，只是当代中国藏学研究发展的一个加油站，它
在一定程度上反映了中国藏学研究综合发展的态势，进一
步加强了藏学研究服务于"中国特色、西藏特点"的发展
要求。但是，我们也必须看到，在全面建成小康社会和全
面深化改革的进程中，西藏实现跨越式发展和长治久安，
无论是理论预期还是实际过程，都面对着诸多具有长期性、
复杂性、艰巨性特点的现实问题，其中包括来自国际层面
和境外达赖集团的干扰。继续深化这些问题的研究，可谓
任重道远。

在"西藏历史与现状综合研究项目"进入结项和出版
阶段之际，我代表"西藏历史与现状综合研究项目"专家

委员会，对全国哲学社会科学规划办公室、中国社会科学院及其项目领导小组几年来给予的关心、支持和指导致以崇高的敬意！对"西藏历史与现状综合研究项目"办公室在组织实施、协调联络、监督检查、鉴定验收等方面付出的努力表示衷心的感谢！同时，承担"西藏历史与现状综合研究项目"成果出版事务的社会科学文献出版社，在课题鉴定环节即介入了这项工作，为这套研究成果的出版付出了令人感佩的努力，向他们表示诚挚的谢意！

2013 年 12 月北京

目 录

前　言

　　随着我国经济社会的不断发展，中国特色社会主义的总体布局，逐渐由经济、政治、文化建设三位一体发展为经济建设、政治建设、文化建设、社会建设和生态文明建设五位一体。为适应这一变化，党中央从十六届四中全会提出构建社会主义和谐社会的任务，明确构建社会主义和谐社会的主要内容开始，对和谐社会的认识就处在不断发展的进程中。2006 年 10 月，十六届六中全会审议通过的《中共中央关于构建和谐社会若干重大问题的决定》，全面深刻地阐述了社会主义和谐社会的性质和定位，指明了构建社会主义和谐社会的指导思想、目标任务、工作原则和重大部署。2007 年 10 月，党的十七大再次强调了构建社会主义和谐社会的重要性，并对以改善民生为重点的社会建设作了全面部署。2011 年初，中央在中央党校举办的"省部级主要领导干部社会管理及其创新专题研讨班"上，对新时期的社会管理进行了全面部署。党的十八大再次指出，提高社会管理科学化水平，必须加强社会管理法律、体制机制、能力、人才队伍和信息化建设。社区建设与管理工作是加强社会管理与创新工作的重要组成部分,社会管理工作必须在搞好社区工作的基础上进行。

早在 20 世纪 90 年代,城市社区治理体制改革在成为地方政府的实务性改革项目之后,也上升为社会科学界广泛关注的学术研究课题。中央政府提出的改革战略是"改革城市基层管理体制,强化社区功能,巩固党在城市工作中的组织基础和群众基础,加强城市基层政权和群众自治组织建设,提高人民群众的生活质量和文明程度,维护社会政治稳定,促进城市经济和社会协调发展"①。虽然近年来,我国城市社区建设有了很大的发展,但随着我国经济结构、社会结构发生的深刻变化,社区特别是城市社区已经由原来的单纯居民住区演化成各种社会群体的聚焦点、各种矛盾的交会点。这些矛盾如果处理不好,势必增加城市的不稳定因素。在这种情况下,城市社区的作用比以往任何时候都显得突出,构建和谐社区的要求比以往任何时候都显得迫切。只有社区和谐了,整个社会才具有了和谐的前提。

本研究以民族社区建设和治理创新作为切入点,提出了社区治理的概念及其内涵、城市社区的功能和类型,阐述了我国城市社区治理的历史变迁,并通过与国外社区治理模式和路径的比较,凝练了我国城市社区治理工作的特点与特

---

① 中共中央办公厅、国务院办公厅关于转发《民政部关于在全国推进城市社区建设的意见》的通知,2000 年。

色。在此理论背景下，本项目回顾了西藏社会管理和社区治理的历史，论述了西藏拉萨社区建设和治理的意义、必要性和目标，描述了拉萨市城市社区治理的工作现状及取得的成绩，分析了拉萨市社区治理过程中存在的问题及问题的成因，并借鉴国内外城市社区建设和治理的成功经验，提出了进一步加强拉萨市社区治理的宏观政策和具体措施，希望能对拉萨市城市社区治理和建设提供理论参考和决策咨询。

最后，需补充说明的是本研究报告中的"社区治理"为拉萨市区的城市社区治理，地理范围主要是拉萨市城关区所辖区域，不包括拉萨市城关区周边县的城镇社区和农牧区社区。

第一章　绪　论

　　和谐，是指世间的事物处于均衡、协调、平稳的发展状态。在中华民族传统文化中，"和谐"的内容源远流长，"和"被应用到天、地、人之间，无所不在。如老子提出"万物负阴而抱阳，冲气以为和"，孔子提出"君子和而不同"，其精神就是要通过协调或包容差异，达到新的和谐统一。

　　当前，我国正处在社会转型的时期，改革的深化所触及的深层次矛盾和问题进一步凸显；人民群众的物质文化需要不断提高并趋于多样化，社会利益也趋于复杂，统筹兼顾各方面利益的难度加大。党的十六届四中全会提出了在我国"促进社会公平和正义，建立一个社会主义和谐社会"的重大任务，党的十七大也提出了"我们要紧紧依靠人民，调动一切积极因素，努力形成社会和谐人人有责、和谐社会人人共享的生动局面"的战略任务，这些正是适应了我国社会转型的重要战略举措。构建和谐社会是一项复杂而又系统的社会工程，需要方方面面的和谐，如经济与社会之间的和谐、个人与社会之间的和谐、人与人之间的和谐、人与自然之间的和谐等。①

随着经济体制改革和社会管理体制改革的不断深入，原来由政府和企事业单位统包统揽的社会管理与社会服务职能开始分化并逐渐回归于社会及社区，社区作为社会发展的基本单元，正逐步发挥着越来越重要的作用。同时，社会成员原有的"单位人"属性逐渐向"社会人"过渡，社区在改革开放和现代化进程中的独特地位、价值、功能等日渐凸现出来，给现代社会管理带来一系列问题。虽然近年来，我国城市社区建设有了很大的发展，但随着我国经济结构、社会结构发生的深刻变化，社区特别是城市社区已经由原来的单纯居民居住区演变为各种社会群体的聚居点、各种社会矛盾的交会点。公共设施不足，社区服务功能亟待提高；社会分配的两极分化现象日益突出，一部分群众陷入生活困境，少数群众被边缘化，社区扶贫济困工作日益突出；城市化、现代化进程加快，房屋拆迁、土地征用等引发了许多新的社会矛盾。这样一来，诸如贫富差距扩大和贫困人口问题，流动人口的合理安置及流动人口中的儿童教育问题，扩大就业与再就业问题，艾滋病、吸毒问题，拐卖妇女与儿童问题，老龄人的服务以及残疾人和其他社

① 康之国：《构建城市和谐社区与社区治理创新研究》，知识产权出版社，2008，第1页。

会边缘群体的救助问题等①，如果处理不当，势必增加城市的不稳定因素。在这种条件下，城市社区的作用比以往任何时候都显得突出，构建和谐社区的要求比以往任何时候都显得迫切。只有社区和谐了，整个社会才具备了和谐的前提。

在这样的背景下，社区发展与社区治理的研究也愈益为各级党政机关、专家学者及居民群众所重视，越来越多的有识之士开始认识到社区建设的重要性并介入社区建设与社区治理中。他们积极开展改善社区环境、提升社区生活质量、搞好社区服务、培育居民社区意识方面的研究和实践，为我国现代化进程中基层社会重建、基层民主发育、维护社会稳定做了大量有益的工作。

党的十七届四中全会还强调，"做好民族工作，在新形势下把民族团结进步事业继续推向前进，对维护和发展各族人民根本利益、保持社会和谐稳定、实现国家长治久安和中华民族伟大复兴具有重大意义"。特别是，在 2010 年召开的中央第五次西藏工作座谈会上，胡锦涛总书记重点指出，"完善社会管理，大幅提高社会事业发展水平。坚持把生态保护作为西藏生态文明建设的基础，把建设资源节约型、环境友好型社会放在西藏发展的突出位置，按照保护优先、综合治理、因地制宜、突出重点的原则，统筹生态环境保护和经济发展、社会进步、民生改善"。近年来，西藏自治区特别是拉萨市不

---

① 康之国：《构建城市和谐社区与社区治理创新研究》，第 2 页。

断加强社区建设和治理工作，通过多方努力和协调，不断加大建设资金的投入，对社区的居住环境、基础设施进行了大规模的治理和改造，各项工作取得了较为显著的成绩。目前，拉萨各社区社会稳定、经济发展、环境优美、人际关系和谐，社区治理模式正逐步趋于完善。社区居民自治水平稳步提高，社区基层民主化进程不断加快，为社区建设工作和治理工作的全面推进奠定了可靠的民主基础。例如，八廓街道办事处当巴社区居委会被评为"全国文明社区示范点"和"全国模范居委会"。但是，拉萨市社区建设起步较晚，社区治理体制机制不健全，治理模式相对落后。特别是拉萨"3·14"事件暴露出社区建设和治理工作的不足，也对新形势下如何建设和谐社会、构建和谐社区提出了新的课题。

如何在构建和谐社会的大背景下建设和治理拉萨城市社区？这是当前社区实践工作者和理论研究者共同探讨的重点和热点问题，本研究的根本目的也在于此。本研究主持人通过近年来在社区治理教学、研究的基础上，以西藏拉萨社会管理和城市社区建设与治理的历史以及和谐社区建设和治理内容所涉及的方方面面为脉络，以治理理论为指导，在详细描述拉萨社区建设和治理现状的基础上，力图通过对我国边疆民族地区城市社区治理的实践及相关理论的梳理，探寻出拉萨城市社区治理中存在的主要问题，分析生成的原因，并借鉴国内外社区治理的先进经验，提出拉萨城市社区治理的整体思路和具体举措，为西藏城市社区治理乃至整个边疆民族地区城市社区治理提供具有一定参考价值的咨询意见。

第一节 选题的背景及意义

一 选题的背景

20 世纪 90 年代后，（城市）社区治理在成为地方政府的实务性改革项目之后，也上升为社会科学界广泛关注的学术研究课题。中央政府提出的改革战略是："改革城市基层管理体制，强化社区功能，巩固党在城市工作中的组织基础和群众基础，加强城市基层政权和群众自治组织建设，提高人民群众的生活质量和文明程度，维护社会政治稳定，促进城市经济和社会协调发展。"①

"单位—街居制"的制度组合在计划经济时代发挥了良好的社会管理、协调和控制功能。改革开放后，伴随着计划经济体制的解体，国家逐步放弃了这种全方位的社会管理制度。但是，全能主义机械式的社会管理体制在改革开放后没有成功地转向国家、社会、市场有机结合的管理制度。单位制的解体在缓解国家财政压力、减轻政府管理责任的同时却把部分改革成本与很多附带社会问题抛向了不成熟的市场和社会。当现实问题大大超过既有基础社会管理制度的承载能力时，社会就必然呈现出无序的躁动状态。我国业已变革的社会环境及其衍生的多种社会管理和服务项目（例如公共卫生服务、公共安全服务、

① 黎熙元：《现代社区概论》，中山大学出版社，2007，第 16 页。

流动人口管理等新型的管理、服务项目）就会迫使负责任的政府做出新的制度供给，从而提升社会管理的整体效能。所以，我国大规模社区建设运动的缘由就在于，失去单位支持的"街居管理体制"在国家整体运转的时代背景下已经无法再为国家和基层社会提供稳定的社会管理秩序与公共服务。

（一）基层社会"治理秩序失范"的缘由

1. 市场社会的发育

市场经济对计划经济体制的替代不仅带来了生产力的发展和产权关系的变革，还不可避免地为本国民众带来了新的社会问题。也就是说，市场经济体制在释放出生产力发展的激励因素的同时，也会把部分革新成本转嫁给国家的社会管理层面。第一，优胜劣汰的市场竞争法则淘汰了很多计划经济体制保护下的公有制企业。大量的"脱单位人员"被迫游离到社会，如果不能及时实现再就业，他们的社会保障、福利就会成为长期悬置的问题，进而激发不稳定因素的扩散。第二，市场对物美价廉商品的渴求激发了廉价劳动力的跨区域流动，国家统计局 2006 年的有关调查显示，"目前，我国农民工流动就业的数量在 1.26 亿左右，其中，进城农民超过 1 亿人"[①]。但是，由于土地和户籍制度的限制，这些生活在城市但无法进入正常城市公共管理秩序的流动人口无疑会对城市管理秩序构成额外压力。

---

① 系列调查：《当前农民工流动就业数量、结构特点》，新华网 2006 年 2 月 14 日。

2. 单位制度的瓦解

改革开放前，"单位是我国各种社会组织所普遍采用的一种特殊的社会组织形式，是国家对社会进行直接行政管理的组织手段和基本环节"①。在单位社会里，国家通过"单位"落实公民（员工）的政治权利和社会福利。同时，采用"街居制度"为单位管理边界之外的社会流动人员、救济优抚对象提供公共管制和服务。这样，国家从整体上实现了对城市全体社会成员的控制和整合，达到了稳定社会和巩固政权的目标。但是，改革开放后，在激烈的市场竞争逼迫下，国家从建设社会主义市场经济体制，强化公有制资本控制力和质量的战略前提出发，提出"抓大放小、有进有退、有所为有所不为"的改革指导方针。所以，很多国有和集体企业走向破产、转制和变卖。单位制的解体不仅意味着传统全能主义的职工（公民）生产、福利体系的崩溃，还意味着政府公共管理职能向基层社会的强迫性分散转移。所以，无论是出于维护社会秩序还是出于强化政权建设的需要，国家都必然对城市基层社会的管理制度做出调整。

3. 生活政治的兴起

经济体制转型和单位社会的瓦解造成了社会阶层的分化。公民的职业角色、收入水平、生活品位、公共参与方式

---

① 路风：《单位：一种特殊的社会组织形式》，《中国社会科学》1989年第1期。

都朝多元化发展。

　　城市基层社会中价值偏好单一的集体政治生活开始向嘈杂、混乱的政治生活迅猛转型。在过去，城市居民可以借助单位的党组织、工会组织或者街区的居委会开展统一的政治和社会活动。更为重要的是，人们也有统一的时间和特定的精力参与政治和社会事务。但是在当代日益呈现碎片化的社会中，人们将越来越多的精力投入到管理和经营个体性事务活动之中。用兰斯·贝内特（Lance Bennet）的话来说："职业的变动、失业等诸多变化已经使公民产生了很重的压力和不安全感，它破坏了统一的政治参与时间安排、原有的家庭伙伴和社会角色的原有秩序。"① 实际上，我国基层社会管理体制遭遇的一大困境在于政府很难代表生活方式转型过程中出现的新人群的利益，也没有足够的力量满足公民日益多元的公共服务需求。因此，在部分地区出现了诸如刻意越级上访、抵制地方政府的群体事件。某些地方政府也开始面对所谓的"管理危机"。在集体政治秩序受到破坏的同时，我们没有理由认为，公民会失去参与政治和公共管理活动的愿望和冲动。事实是，基层政府与公众的关系最密切，基层政府应该为公民的参与活动提供制度平台。如果民众参与的热情超过制度的承载能力，就有可能朝向亨廷顿所说的"普利夺"政体过渡，从而诱发政治和管理体制的不稳定危机。

---

① Bennet, Lance W. , The un-civic culture: Communication, identity, and the rise of lifestyle politics, *Political Science & Politics*, 1998, 31 (4): 741 – 761.

从应然的角度说，有能力的基层政府应该满足日渐扩大的个性化的公民参与需求。

（二）基层社会管理体制分类

社会秩序的维系依赖于国家政权和良性的社会力量。完美的基层社会治理结构是，国家和非政府组织（NGO）在基层社会的生活空间内，基于各自责任、激励条件、行为成本的差异建构起的具有优势互补特征的分工、合作管理体制。遵此逻辑，以国家和社会力量强弱为界限，建构了一个"二维四限"图，以此来描述基层社会管理体制的理想类型集合。

1. 无主地模式

如果一个国家无法将治理（控制）规则在地区或者社区的层面转换为被民众广泛认可的管理制度和方法，与此同时，民间的自组织力量又无法建构起自我维系的生活秩序，那么，社会就会陷入无序状态，如果这种状态持续发展的话，可能会衍生出两种发展趋向。第一，社会回归到霍布斯森林的原始状态，弱肉强食的丛林规则也是社会生活的基本法则；第二，社会逐渐沦为黑社会势力的控制区。在政府管理缺位和民主自治力量不足的前提下，社会成员对稳定秩序的需求会激发黑社会组织的规则供给主动性，其结果就是，局部社会的整体福利遭受严重损失。

2. 政权统御模式

如果国家有足够的力量和资源把基层社会纳入科层体系控制领域之内，在实现政权意志的同时也可以为公民提供高质量的公共服务，那么，就可以把这种社会（社区）管理体制称之为政权统御型。当今，新加坡和中国台湾地区的社区管理体制带有很强的政权统御型的特征。我国曾经建立的"单位制"和"街居制"相互配合的城市基层社会管理制度就是很纯粹的政权统御型的社会管理体制。

3. 共治模式

国家可以和社会组织形成密切的管理合作关系。政府在不放弃对基层社会控制权的基础上为社区发展提供宏观的政策指导和必要的资金支持，与此同时，自治组织具有很强的自主性，在属地行使自治权。[①] 20世纪90年代后，我国很多地方政府都以国家和社会的互相发展作为社区管理体制改革的目标。

4. 自治模式[②]

如果社区服务机构和公民组织拥有法定的行为权利与治理资源为社区发展提供足够的公共产品，而政府只是从宏观层面上提供指导社区自治过程所需的法律规则或者被动地提供社区发展所需的资源，我们一般把这种社区管理体制称为自治型。[③]

二　问题的提出

本课题的研究源于主持人对现实问题的不解和思考。第

---

① 张俊芳：《中国城市社区的组织和管理》，东南大学出版社，2004，第44页。

② 《各种乡镇治理特色一览》，http://npc.people.com.cn/GB/15037/5172280.html。

③ 王巍：《社区治理结构变迁中的国家与社会》，中国社会科学出版社，2009，第1~6页。

一，西藏各级政府为什么要特立独行地放弃对居委会的直接行政权威？第二，西藏各级政府为什么要放弃运作成本相对低廉的治理制度，而愿意投入更多的财政资金去维持一种复杂的治理结构？第三，为什么西藏各级政府的职能部门和街道办事处对改革后的社区管理体制和治理模式存在褒贬不一的评价？第四，由社区居民直选产生的居委会为什么与不同的政府职能部门建构起了亲疏不一的工作关系？通过对典型案例的实地调研和观察，本课题将回答以下三个方面的问题。

首先，在不同的制度框架约束下，社区治理空间中国家和社会组织的行为策略有何不同，它们又是如何统合的？

其次，治理结构的变革如何重新规划城市空间中的权力和利益结构？

最后，国家政权建设与社区民主增量发展的现实关系是什么样的？[①]

三 研究的意义

（一）理论意义

目前学术界关于社区治理的研究是基于社会经济发展比较好的城市，这些城市市场经济相对完善，居民综合素质普遍较高，社区治理体制和模式相对成熟。而本课题是通过对一个民族结构复杂、宗教因素突出、社会不安定因素仍然存

---

① 王巍：《社区治理结构变迁中的国家与社会》，第15页。

在的城市社区的建设和治理工作进行研究，找出社区治理的特殊性，抽象出一些规律性的东西，对目前学术界流行的社区治理理论进行补充和修正。尤其是希望在社区治理体制和模式、社区功能、社区文化、社区治安以及实现社区自治的路径选择等方面有所创新和突破。

（二）现实意义

我国正处于社会转型的关键时期，各种社会矛盾开始凸显，各种各样的矛盾将最终沉淀于社会基层之中，而作为社会最基层组织的社区就是承载和化解这些社会矛盾的重要场域。因而，加强社区建设和治理对于缓解社会冲突、消除社会矛盾以及构建社会主义和谐社会具有重要的现实意义。

开展本课题的研究，对于反对分裂、维护社会稳定有着十分重要的意义。拉萨"3·14"事件的发生，对社区管理提出了新的问题、新的挑战，本课题将就如何缓解社会冲突、化解社会矛盾、消除不安定因素等问题开展重点研究。

开展本课题的研究，可以为建设平安西藏、平安拉萨，构建社会主义和谐社会提供理论依据。本课题将重点开展社区民主政治参与和民主政治建设、基层社会保障、社区稳定与治安管理等问题的研究，提出维护社区正常秩序、保障安定团结工作的新理论、新方法。

开展本课题研究，可以促进拉萨社区文化的大繁荣和大发展、促进社区居民精神文明的建设，以满足社区居民丰富多彩的文化需求。

开展本课题的研究，可以为逐步构建"小政府、大社材料写成了《江村经济（中国农民的生活）》一书，1933年杨庆堃写成的《华北地方市场经济》，1937年黄迪写成的《清河：一个乡镇村落社区》等。

抗战爆发以后，中国社区问题的研究工作没有因战争而中断，反而在云南、四川等大后方更加蓬勃地开展起来。例如，费孝通先生在西南联合大学时，带领一批社会学者在选定的社区中对当时的社会问题做了较长时间的实地调查，取得了一大批重要的研究成果。其中具有代表性的是：费孝通的《禄村农田》，田汝康的《内地女工》，谷苞的《化城镇的基层行政》，张之毅的《易村手工业》、《玉村土地与商业》以及《洱村小农经济》，史国衡的《昆厂劳工》《个旧矿工》等。另外，燕京大学的林耀华教授还指导他的学生在四川、西康等地的少数民族部落开展调研并完成了《凉山彝家》一书的写作。

同时，中国共产党人也在不同的历史时期，根据革命事业的需要，本着认识中国、改造中国的原则，在广大农村特别是革命根据地的农村开展深入的调查研究，形成了一批影响深远的调查报告。大革命时期有毛泽东同志的《湖南农民运动考察报告》，土地革命时期有毛泽东同志的《兴国调查》，延安时期主要有张闻天、马洪的《米脂县杨家沟调查》《临固调查》《保德调查》等。这些调查报告，以马克思主义基本理论为指导，运用阶级分析的研究方法，着眼于农村社区的阶级结构和社会结构，对中国社会做了较为透彻的分析，为后来的社区研究树立了典范。

目前，随着政企分开、政社分开的逐步实施和企业改革的深入发展，"单位人"逐步转变为"社会人""社区人"，社会正逐渐成为独立于政府行政和经济活动的领域，社区作为人们生活的基本空间的特质也逐渐清晰地显现出来。① 在这种形势下，各种社区研究，包括社区治理模式、社区治理结构、社区服务、社区治安、社区社会保障、社区文化、社区教育等内容的研究都迅速发展起来。代表性的成果有：徐永祥的《社区发展论》、高永久的《西北少数民族地区城市化及社区研究》、娄成武的《社区管理》、陈伟东的《社区自治》、尹维真的《中国城市基层管理体制创新》等。

二　国外研究历史与现状

社会学界一般认为，1887 年德国社会学家斐迪南·滕尼斯所著《社区与社会》一书，第一次系统地阐述了社区的概念与内涵，从此社区理论正式诞生。

20 世纪上半叶，社区理论研究从欧洲传到美国，并在美国得到了学界的普遍关注且逐渐兴起，相继形成了几个颇有影响力的研究流派。例如：芝加哥学派提出的人文区位理论模式，这种理论模式将社区视为一种社会活动的空间单位，注重研究空间结构、空间组织及社会区位互动，尤其重视对都市空间组织和城市成长中的区位的研究，其代表著作

---

① 胡祥：《城市社区治理的热点问题研究》，中国地质大学出版社，2009，第 9 页。

有路易斯·沃思（Luis Wirth）的《作为一种生活方式的都市》、林德夫妇的《中镇》等。著名的英国社会学家马林诺斯基和布朗为功能主义理论模式的主要代表人物，他们的实地研究方法被奉为社区研究的典范。这一理论模式是将社区看作由相互联系、彼此依赖的部分所组成的整体，各部分对整体起一定的作用，发挥一定的功能。到 20 世纪 50 年代中期，邓肯（D. Duncan）提出了新城市区位系统理论，阐述了城市社区的基本要素为人口、组织和环境技术。刘易斯（O. Lewis）和甘斯（G. Hans）创立了人口组成论，提出城市社区出现社会问题的根源并非人口密度，而是社区的人口构成及其文化背景。20 世纪 70 年代，费雪尔（C. Fisher）提出了"亚文化理论"。

随着治理理论的兴起，治理在西方城市社区中得到广泛的应用。西方国家应用治理理论对于社区的研究主要存在两个方向：一是应用治理理论研究土著居民社区如何从民族国家或是省（州）控制的权力范围内获得权力，从而促使政府形成新的土著居民社区治理模式。二是研究选择什么样的治理模式更适合土著民族和土著居民社区的发展和建设，包括国家减少行政干预，缩小权力的范围，鼓励非政府组织（NGO）、社区居民、社区志愿者、社会公众等各种行为主体在社区治理事务决策和运行过程中的作用。

20 世纪 90 年代以后，美国社会普遍出现了以提高居民生活质量、增加居民幸福感为核心的促进邻里和社区之间和睦相处、和谐发展的运动，即对城市和社区进行全面规划并引导其良性发展的新城市主义运动。在这个运动中，新城市主义者制定以持久性、可拓展性、生态优化、人文关怀、文化传统、易交流性、人与建筑的融合、社区个性等八大法则为指南，设计出了大量的社区规划和社区治理与发展的路径。

第三节　研究目的、方法及创新

一　研究目的

（一）通过研究，可以对政府在社区治理中的作用和角色进行定位

拉萨市地处青藏高原腹地，由于历史、地理、人文、民族宗教等因素的影响，拉萨市社会经济发展还很落后，市场经济和社会组织发育不健全。在这样的环境下，开展城市社区治理和建设同内地发达城市的社区管理和建设是有区别的，我们无法从社区内部寻找发展的原动力，必须依赖外力推进，其中最重要的力量就是政府。因此，本研究着力解决的一个重要问题就是各级政府在拉萨市社区治理和建设中的作用和角色定位，寻找一种适合拉萨市特殊市情的政府主导型社区管理和建设模式。

（二）通过研究，可以提高拉萨社区居民对城市社区管理和参与水平

社区居民对社区管理和建设的参与程度取决于政府基层管理体制的制度安排，又有赖于社区居民综合素质的提高，

两者相辅相成，共同推进社区居民的参与进程。拉萨市是一个以藏族为主的多民族杂居的城市，受政府体制、居民素质和民族文化背景及风俗习惯的影响，社区居民参与社区管理的积极性不高。本研究将借鉴有关社区管理的最新研究成果和内地社区管理的经验，就如何提高拉萨社区居民参与社区管理的积极性和参与度提出自己的解决方案。

（三）如何充分发挥非政府组织特别是宗教组织在拉萨社区管理中的作用

在治理理论的视野下，社区管理和建设的主体呈现多元化的趋势，这些主体包括各级政府组织、非政府组织、企事业单位、公民自治团体和社区居民，甚至包括宗教组织。就拉萨市而言，由于城市居民中有藏族、回族等宗教意识非常强烈的民族，宗教组织的活动非常频繁。这些组织在保障社会稳定、促进文化发展等方面开展了相当多的工作。因此，本课题将突破的一项研究难题就是充分发挥非政府组织特别是宗教组织在拉萨市社区管理中的作用，合理引导这些组织积极参与社区管理和建设。

二　研究方法

（一）文献研究法

通过三个途径查阅文献资料：一是西藏自治区、拉萨市、城关区等各级政府及民政、综合治理、民族宗教、社会保障、司法、公安等相关职能部门颁布的法规性文件、统计年鉴和工作计划、总结等；二是学术期刊网上发表的有关社

区治理、社会管理、社会学等方面的国内外学术论文；三是
关于社区治理和社会管理方面的学术专著。

（二）比较研究法

本课题主要从三个方面采用比较研究法：一是概念的比
较，通过比较不同学派、学者对社区概念的阐述，从构建和
谐社会的角度出发，对社区的概念进行重新界定；二是社区
治理理论流派的比较，通过对目前流行的关于社区治理研究
的不同理论流派进行比较分析，得出异同点，并从拉萨社区
治理和建设的实际出发来修正和补充社区治理研究的理论；
三是社区治理模式的比较，通过比较国内外不同的社区治理
模式，吸收和借鉴不同国度、不同地区社区治理和建设的经
验，走出一条具有西藏特点的城市社区治理和建设的新路子。

（三）问卷调查法

问卷调查是实证研究的基本方法之一。本课题通过向拉
萨市部分社区发放调查问卷表获取课题研究的第一手资料。

（四）深入访谈法

本课题从各级民政部门、拉萨市和城关区政府干部职
工、街道办事处和居委会工作人员以及社区居民中选取适量
样本进行深入访谈调查，了解他们对于社区治理的认识、看
法和感受，为本课题得出结论提供详细的实证资料。本课题
采用的访谈办法主要有面谈和电话调查两种。

（五）实证分析法

利用所收集的材料和数据，运用数理分析工具，建立管
理模型。

三　研究创新

　　本课题研究的特色和创新之处在于：一是研究对象的创新，目前学术界和公共政策制定部门还没有开展关于拉萨市社区管理的相关研究，本课题将率先从构建和谐社会的角度出发，调查拉萨市社区管理的现实情况，分析问题，提出对策；二是研究视野的创新，本课题将从西藏民族与宗教、和谐社会和平安拉萨的建设、维护边境安全与稳定等角度出发，分析拉萨市社区管理的现状，提出问题，制定对策和措施。

第二章　范畴界定与相关理论述评

第一节　相关范畴界定

一　和谐社会、社会建设、社会管理的内涵

（一）社会主义和谐社会

和谐社会是对人类社会发展状态的一种描述，是古今中外人们所梦寐以求的理想。一般来讲，和谐社会就是人与自然、人与社会、人与人之间以及与人自我身心和谐统一与协调发展的社会；就是生产力与生产关系、经济基础与上层建筑之间的和谐统一与协调发展的社会。人类社会是在生产力和生产关系、经济基础和上层建筑的矛盾统一中发展的，也是在和谐与不和谐的矛盾统一中发展的。2005 年 2 月，胡锦涛同志在中央党校省部级主要领导干部提高构建社会主义和谐社会能力专题研讨班上发表的重要讲话中提出，我们所要建设的社会主义和谐社会，应该就是民主法治、公平正

21

义、诚信友爱、充满活力、安定有序、人与自然和谐相处的社会。2011 年 2 月 23 日，习近平同志在"省部级主要领导干部社会管理及其创新专题研讨班"结业式上讲话，他强调，加强和创新社会管理，要同做好群众工作紧密结合起来，深入研究形势和任务的发展变化对群众工作提出的新要求，积极探索加强和改进群众工作的新途径新办法，把群众工作贯穿到社会管理各个方面、各个环节，从源头上化解社会矛盾、维护社会稳定、促进社会和谐。综上，我们认为社会主义和谐社会的内涵主要表现在以下六个方面。

民主法治

就是社会主义民主得到充分发挥，依法治国基本方略得到切实落实，各方面的积极因素得到广泛调动。

公平正义

就是社会各方面的利益关系得到妥善协调，人民内部矛盾和其他社会矛盾得到正确处理，社会公平和正义得到切实维护和实现。

诚信友爱

就是全社会互帮互助、诚实守信，全体人民平等友爱、融洽相处。

充满活力

就是能够使一切有利于社会进步的创造愿望得到尊重，创造活力得到支持，创造才能得到发挥，创造成果得到肯定。

安定有序

就是社会组织机制健全，社会管理完善，社会秩序良好，人民安居乐业，社会保持安定团结。

人与自然和谐相处

就是生产发展，生活富裕，生态良好。

社会主义和谐社会的上述六个方面是相互联系，相互作用的。这六个方面既包括社会关系的和谐，也包括人与自然的和谐，体现了民主与法治的统一、公平与效益的统一、活力与秩序的统一、科学与人文的统一、人与自然的统一。这六个方面，内容十分丰富，既是社会主义和谐社会的科学内涵和总体特征，也是构建社会主义和谐社会的总体要求。

提出构建社会主义和谐社会，是对人类社会发展规律、社会主义建设规律、共产党执政规律认识的变化。提出构建社会主义和谐社会，是中国特色社会主义事业的有机组成部分，是推进全面建设小康社会的重大战略举措。它关系到最广大人民群众的根本利益，关系到巩固党执政地位的社会基础、实现党执政的历史任务，关系到全面建设小康社会的全局，关系到党的事业兴旺发达和国家的长治久安。

（二）社会建设

党的十七大报告曾指出："社会建设与人民幸福安康息息相关。必须在经济发展的基础上，更加注重社会建设，着力保障和改善民生，推进社会体制改革，扩大公共服务，完善社会管理，促进社会公平正义，努力使全体人民学有所用、劳有所得、病有所医、老有所养、住有所居，推动建设和谐社会。"党的十八大报告又明确指出："加强社会建设，是社会和谐稳定的重要保证。必须从维护最广大人民根本利益的高度，加快健全基本公共服务体系，加强和创新社会管理，推动社会主义和谐社会建设。"加快推进以改善民生为重点的社会建设，涉及面广，内涵丰富，基本要求是：积极解决好教育、就业、收入分配、社会保障、医疗卫生和社会管理等直接关系人民群众根本利益和现实利益的问题。

社会建设的立足点是公益性和非营利性，它涉及社会结构的优化、社会功能的完善、社会组织的发展等方面的内容。随着改革开放的不断深入和社会主义市场经济的不断发展，我国的经济体制、社会结构、利益格局和人们的思想观念都在发生着激烈的变化。空前的社会变革，给经济社会发展注入了强大的活力，也带来了这样那样的社会矛盾和问题。社会建设的难度和复杂性前所未有，加快以改善民生为重点的社会建设已成为促进社会和谐的重要任务。

（三）社会管理

社会管理作为社会建设的重要手段，是社会管理主体在法律、法规、政策的框架内，通过各种方式对社会领域的各个环节进行组织、协调、服务、监督和控制的过程。胡锦涛同志在"省部级主要领导干部社会管理及其创新专题研讨班"开班式上的讲话中强调，加强和创新社会管理，是提高党的执政能力和巩固党的执政地位的必然要求。如何加强和创新新形势下的社会管理工作，不断夯实党的执政基础，加快推进社会主义现代化建设事业，已然成为社会建设的一项重要内容。

社会管理是个庞大的系统工程，社会广泛参与，需要相应的机构与部门的组织保证，社会广泛参与，需要人力、物力、财力的投入，需要社会管理体制改革的跟进。完善社会管理，维护社会稳定，形成正常有序、公平正义的社会环境是构建社会主义和谐社会的必然要求。要创新社会管理体制，整合社会管理资源，不断提高社会管理水平。党的十六届四中全会提出了"党委领导、政府负责、社会协同、公众参与的社会管理格局"，重点在健全基层社会管理体制。坚持以人为本，创新社会管理的理念和方法，在服务中实施管理，在管理中实施服务，最大限度地激发社会创造活力，最大限度地增加社会和谐因素，最大限度地减少不和谐因素。妥善处理人民内部矛盾，统筹协调各方面利益关系，畅通民众利益诉求的表达渠道，有效预防和化解各类社会矛盾。重视社会组织建设和管理。社会组织具有提高服务、反映诉求、规范行为的积极作用，把它们的作用利用好、保护好、发挥好，有利于政府降低社会管理成本，有利于增强公民的社会认同感。要支持各类社会组织承担社会事务、参与社会管理和服务。要强化安全生产管理与监督，坚持安全第一、预防为主、综合治理的方针，完善安全生产体制机制，健全安全生产责任制度，维护安全生产秩序，有效遏制重特大安全事故，维护人民群众的生命财产安全。要完善突发事件应急管理机制，提高政府保障公共安全和处置突发事件的能力；全面加强综合减灾能力建设，提高防范和应对自然灾害的能力。健全社会治安防控体系，加强社会治安综合治理，改革和加强城乡社区警务工作，依法防范和打击违法犯罪活动。完善国家安全战略，高度警会"的社区治理格局，为促进政府转变行政管理职能提供政策依据和理论咨询。

第二节　国内外研究的历史与现状

一　国内研究历史与现状

在我国初期的社区治理研究中，主要是采用了两种研究方式，一种是进行模型调查，即静态的社区治理研究，以了解社区的结构；另一种是变异调查，即开展社区治理的动态研究，以了解社区的发展历程和管理制度的变迁；或者把两种方法结合，从宏观上研究社区的组织及其形式的变化。吴文藻曾经撰文指出："以试用假设始，以实地验证终，理论符合事实，事实启发理论；必须理论和事实糅合在一起，获得一种新综合。"抗日战争爆发前，吴文藻先生带领学生在进行社区理论研究和教育的同时，还十分重视开展社区工作的实地调查研究。例如：徐雍舜在北平郊县开展了乡村精英冲突的社会调查，李有义在山西徐沟县（1952 年与清源县合并为清徐县）开展了乡村社会组织结构的调查研究，林耀华在福建省的义序进行了宗教组织及其在乡村的影响的调查，黄节华在河北定县进行了乡村礼俗与社会组织构成关系的社会调查。这一时期关于我国社区建设和管理问题研究的代表性成果有：1936 年费孝通先生根据在家乡江苏省吴江县（今吴江市）庙港乡开弦弓村进行乡村社会经济调查的惕和坚决防范各种分裂、渗透、颠覆活动，切实维护国家安全。

二 社区概念的变迁

（一）社区概念的历史演变

"社区"是社会学的基本概念，最早是由西方社会学家提出和使用的。"社区"一词最初来自德文 Gemeinschaft，德国社会学家裴迪南·滕尼斯（1855～1936）于 1887 年出版了《社区与社会》① 一书，创立了社区理论。滕尼斯把人类共同生活的表现形式区分为两种类型：一种是社区，一种是社会。"社区"主要是存在于传统的乡村社会中，其特点是人与人之间关系密切，人们对本社区有强烈的认同感和对社区内其他成员全面的了解。"在这里，人人为己，人人都处于同一切其他人的紧张状态中。他们的活动和权利的领域相互之间有严格的界限，任何人都抗拒着他人的触动和进入，触动和进入立即被视为敌意"②。可见，滕尼斯在提出"社区"这一概念时，更多的是强调人与人之间所形成的亲密关系和对社区的强烈归属感和认同感，并没有明确提出社区的地域性特征。

随着研究的深入，人们对社区含义的理解也不断发生变化。北京大学社会学教授夏学銮先生将社区概念的历史演变总结为三个阶段：

---

① 此为 1887 年德文版书名，1999 年中文版名为《共同体与社会》。
② 滕尼斯：《共同体与社会》，林荣远译，商务印书馆，1999，第 95 页。

第一阶段，"组织"论阶段。从 1887 年德国社会学家滕尼斯的《社区与社会》一书问世，至 1917 年英国社会学家麦基文的《社区》一书发表，其间 30 年是社区界定的"组织"论时代，即把自然社区（即农村）看成是与理性社会（即城市）相对立的组织形态，它们之间的差别是以人际关系的远近亲疏为特征的。

第二阶段，"区域"论阶段。从 1917 年麦基文的《社区》一书的出版到 1975 年桑德斯的《社区论》（第三版）的出版，这半个多世纪为社区界定的"区域"论时代，即把社区看成是人们在其中共同生活的区域，"社区"不再是与"社会"截然对立的绝对体，而变成与人们的生活区域范围有关的相对物。

第三阶段，"综合"论阶段。从 1975 年桑德斯《社区论》出版至今，这 30 多年是社区界定的"综合"论时代，既把社区看成是一个互动系统，又看成是一个冲突的场所，还看成是一个行动的场域。

（二）社区概念基本内涵

虽然对社区概念的理解存在这样一些分歧，但并不表明就无法找到普遍认同的社区构成要素。其实，关于社区构成的要素还是有一些普遍的东西，这些就是地域、共同联系和社会互动。根据程玉申的概括，社区的基本内涵有以下几个方面：①具有一定的人口，因为社区离不开人群；②社区的核心是人们的各种社会活动及社会关系；③具有一个相对稳定、相对独立的聚居场所；④生活在该区的人们具有一种地缘上的归属感和心理上的认同感；⑤丰富多彩的文化是维系社区的灵魂。

（三）代表性的定义

社区已经成为政治学、社会学、人类学、管理学等多门学科的共同研究对象。因为各种学科对研究问题的把握思路不同，必然的，关于社区的概念就出现了丛林式的局面。表2-1提供了国内外具有代表性的观点。

表2-1　具有代表性的社区概念

代表学者	社区定义表述	社区基本构成要素
费孝通（1984）	社区是若干社会群体（家族、氏族）或社会组织（机关、团体）聚集在某一地域里形成的一个在生活上相互关联的大集体	①由一定数量的具有某些共性的人群组成；②有一定的区域界限；③形成了具有一定特点的行为规范和生活方式；④居民的情感上和心理上具有对社区的乡土概念
郑杭生（1987）	社区是进行一定社会活动、具有某种互动关系和共同文化维系力的人类生活群体及其活动区域	①占有一定的区域；②一定的人群；③共同的行为规范、生活方式和社区意识；④各种社会活动和互动联系，最重要的是经济活动
徐勇、陈伟东（2002）	社区是指一定区域内按一定社会制度和一定社会关系组织起来的、具有共同人口特征的地域生活共同体	①生活在社区里的人群；②特定的地域范围；③社会组织及其相关制度；④必要的生活服务措施；⑤社区内居民的共同利益
滕尼斯（1887）	社区是通过血缘、邻里和朋友关系建立起来的有机人群组合，社区的基础是"本质意志"	①一定的地域；②一定的人群；③共同的行为规范、生活方式和社区意识；④各种社会活动及其相互联系

续表

代表学者	社区定义表述	社区基本构成要素
米歇尔 (1987)	社区是指一个集体,这个集体中的人占有一个地理区域,共同从事经济活动和政治活动,基本形成了一个具有某些共同价值准则和相互感情从属的社会自治单位、城市、城镇、乡村或者教区	①以一定生产关系与社会关系为纽带组织起来的、达到一定数量规模、进行共同社会生活的人群; ②人群赖以从事社会活动的、有一定界限的地域; ③一整套相对完备的生活服务设施; ④一套相互配合的、适应社区生活的制度和相应的管理机构
帕克 (1983)	社区是一个地域内的主要社会活动或者生活方式基本上属于同一类型的相对独立的地区性社会	①按照区域组织起来的人口; ②这些人口不同程度地与他们赖以生息的土地有着密切的关系; ③生活在社区中的每个人都处于一种相互依赖的互动关系中; ④一定的管理体系

(四) 民族地区社区的概念及内涵

民族社区在本质上和社区是一致的,是完整的社区的一个组成部分。从近十年来的相关学术论文和论著来看,使用"民族社区"这一概念的文献确实不少,但它们几乎都没有在学理上对"民族社区"做出明确的分析和界定,而概念的明晰是任何研究得以进展的前提。

本研究之所以要界定"民族社区"这一概念，主要原因是：在我们这样一个多民族社会的国家里，整个社会的关系结构体系尽管在性质上是相同的，但不同民族区域具有各自不同的相对独立的部分并因此表现出不同的特点。

　　我们认为，民族社区首先必须是一个地域概念，在这个层面上，民族社区与一般意义上的"社区"几乎不存在什么差别，二者在同一社会形态和关系体系下具有相同的性质。换言之，民族社区中的"社区"绝对不是可以脱离特定社会形态的一种特区，它只是在一定地域基础上，特定社会形态的一个组成部分，表征着"特有的时代兴趣"，它所反映的社会关系的性质和特点，要以它运用于何种社会形态而定。我们可以这样认为，二者都是以一定的地域为基础的社会生活共同体，只不过在民族社区中的社会成员主体是少数民族，这里的"少数民族"既可以是单一的少数民族也可以是多个少数民族。实际上，民族社区是一个文化概念，但对民族社区的地域属性的强调并不意味着它只是一个文化概念。事实上，"民族社区"更多是侧重于文化方面的概念，主要是基于以下的分析：一是社区的概念是一个文化的范畴①，所以有的学者只从文化的角度去理解"民族社区"；二是在汉语体系中，对"民族"的定义始终没有形成统一

---

① 〔美〕罗吉斯：《乡村社会变迁》，浙江人民出版社，1988，第 160 ~ 161 页。

的认识①，但"稳定的共同体"所具有的"语言、传统文化、民族心理素质、民族认同"等特征要素②都无不属于"文化"的范畴并在文化的框架内才能得到较好的诠释和说明，这样的思考路径也和我们几千年来的历史传统相一致，那就是"主要从文化的角度和层面来看待民族问题"③。同时，作为考察"'人为何物'这一人类学命题的一个突破口和方法论"，文化生态学将文化置于整个环境中去了解它产生、发展和变迁的过程，认为"人与环境之间的关系，不仅有文化来作为适应的工具，而人又是成群而居构成系列的关系，这种互补有无的系列关系，也是人类适应、转换或改变环境对自己束缚的重要机制"④，人总是在地域基础上以文化的因素出现的，有着必然性地建立在自然环境等地域物质基础上，借助于科学技术、经济生活、社会组织而作用于文化的价值观。

综上所述，民族社区的概念是表示建立在民族识别和民族分野基础之上，以少数民族社会成员为主体的，以民族社会成员共同的地缘和紧密的日常生活为基础的民族区域性社会。在民族社区的内涵中，更应该突出强调"民族性"和文化属性，这主要是通过民族心理、民族意识和民族认同体

① 胡锦春：《汉文"民族"一词考源资料》，中国社会科学院民族研究所印，1985。
② 王锦春：《民族过程与国家》，甘肃人民出版社，1998，第17页。
③ 马戎：《民族与社会发展》，民族出版社，2001，第26页。
④ 庄锡昌、孙志民：《文化人类学的理论构架》，浙江人民出版社，1988，第181页。

现出来的。①

（五）社区的功能

社区实际上是履行与地方有关的主要社会功能的各社会部分或者各社会子系统的联合体，功能上是一个社会活动的组织，是为居民提供他们日常生活中必需的、更广泛的活动区域和活动资源。目前国内外学术界对社区功能的研究意见比较一致，通常认为，社区最主要的功能有以下几项。

1. 生产—分配—消费

生产—分配—消费是组织个人和其他资源进行商品和服务的生产、分配与消费的系统，这是社区经济功能，也是社区最基本的功能。社区必须能够满足当代和下一代对物品和服务的需求，如果下一代没有可以满足的消费必需品，就不会有生产的继续，也不会有社区的继续。所以，这个功能是社区必需的功能。

2. 社会化

社会化是一个过程，通过这个过程，个人学习和获得社会的知识、共享的价值观和行为模式，学习与社会提供的多种社会角色相适应的行为规范。社区在社会化过程中起着非常重要的作用，如社区的家庭、邻里、教会和学校等正式和非正式的组织，对于青少年的价值观、角色和行为规范的形成具有相当大的影响。人们从幼年开始，在与社区的邻里、

---

① 高永久：《西北少数民族地区城市化及社区研究》，民族出版社，2005，第28~29页。

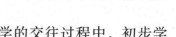

小伙伴群体以及社区学校老师和同学的交往过程中，初步学习了群体和社会的文化，学习了如何承担社会角色。

3. 社会参与

社会参与是社区的根本功能，如果社区成员和社区本身处于健康的社会且有权能，那么就要求和允许其成员参与社区的生活和治理。社会参与是社区实践的核心和社会工作实践的社会要素，也是参与民主的根本所在。社会参与是改变社区社会控制机构和政策不利于社会影响不可或缺的，可以纠正社会的边缘化。

4. 相互支持

相互支持的功能和社会福利是社区在其成员和家庭遇到困难时，且不能提供自己的家庭和个人关系以获得帮助时发挥作用的。相互支持是在需要时进行的彼此帮助，社区家庭、邻里、朋友是提供社会支持和社会保障的第一道供给线。①

（六）社区的分类

关于社区分类的标准有很多，根据不同的分类标准，我们可以将社区分为以下几类。

1. 按地域区位分类

美国社会学家 R. D. 麦肯齐在《人类社区研究的区位学方法》一文中，依据地域群体的不同特质划分了社区类别，

_____

① 胡祥：《城市社区治理的热点问题研究》，中国地质大学出版社，2009，第 18~19 页。

大体可分为地理区域的社区和区位体系的社区两大类。一是地理区域的社区，指有一定地域边界的社区。主要依据是否为自然状态和是否从事农业生产活动，区分为不同的社区类型。依据前者可以分为自然社区和法定社区。自然社区以自然居住群体的形成、发展来确定，如村落。法定社区以行政管理的权力范围来确定，如乡、镇、县、市等。依据是否从事农业生产活动可以分为农村社区和城市社区。二是区位体系的社区。按照人类生活必需品的生产与分配的区位过程和规模来划分的社区，将社区分为四种类型：①基本服务社区。这类社区既是基本生活资料分配过程中的第一个环节，又是其他制成消费品分配过程中的最后一个阶段，诸如农业村镇、捕鱼、采矿、林业等社区。社区的规模主要取决于当地消耗自然资源的生产事业的性质和形式，以及它与周邻地区贸易往来的程度。②在生活资料分配过程中履行次要功能的社区。它是原料和商品的集散中心，通常称作商业社区。其规模取决于行使各地产品分配功能的程度。③工业城镇。它是商品制造业的中心，兼备基本服务型社区和商业社区的功能。它的发展规模取决于该地区内工业发展的程度及市场组织的状况。④那些缺乏自身明确的经济基础的社区。如当代的一些娱乐旅游地点、政治和教育中心。这类社区的发展在经济上依赖其他社区，并在商品的生产以及分配过程中不承担特殊的功能。另外，在人类生活中还存在其他一些感情相同、信仰相同的共同体，例如思想、学术团体。有的学者译为精神社区或心理社区，实为精神上的共同体或心理上的共同体，它没有专门的和一定的地区。①

2. 纵横分类法

纵向分类法以社区的历史变迁为标准将社区分为传统社区、发展中社区、现代化社区；横向分类法是依照社区的空间位置将社区分为法定社区、自然社区、专业性社区等。

3. 发展过程分类

按照社区发展过程，可以将社区分为血缘社区、地缘社区和业缘社区三种。

4. 按照经济结构、人口密度和人口聚集规模分类

可以将社区分为城市社区、城镇社区和乡村社区。

第二节　相关理论述评

一　城市社区治理概述

（一）城市社区和城市社区治理

1. 城市社区

按照上述的社区分类标准，城市社区是相对于农村社区和城镇社区而言的。目前，学术界对城市社区的界定主要有三种说法：一是将整个城市视为城市社区；二是指具体城市中某种层次的地域空间，认为城市社区是城市中的社区；三

---

① 〔美〕R. D. 麦肯齐：《人类社区研究的区位学方法》，http：//www. cnki. net，2011。

是指城市中的基层法定社区，如区、街和居委会辖区。我国对城市社区的范围进行了统一的规定，根据中办发〔2000〕23号文件，目前城市社区的范围，一般是指经过社区体制改革及规模调整后的社区居民委员会辖区。① 城市社区是一个要素复杂、功能繁多的综合体。法国学者潘什梅尔说："城市现象是个很难下定义的现实。城市既是一个景观、一片经济空间、一种人口密度，也是一个生活中心和劳动中心。更具体点说，也可能是一种气氛、一种特征或者一个灵魂。"沃斯认为，城市的本质是异质性，大规模、高密度和异质性是城市社区三大基本特点。纵观各学科的观点，城市社区的特点主要体现在以下几个方面：一是社会要素的高密度，二是生活方式多样化，三是社会分工专业化，四是社会控制的形式化。②

2. 治理

治理是或公或私的个人及机构经营管理相同事务的诸多方式的总和。它是使相互冲突的或不同的利益得以调和并且采取联合行动的持续的过程。这既包括有权迫使人服从的正式制度和规则，也包括各种人们同意或以为符合其利益的非正式的制度安排。它有四个特征：治理不是一整套规则，也不是一种活动，而是一个过程；治理过程的基础不是控制，而是协调；治理涉及公共部门，也包括私人部门；治理不是

① 徐勇、陈伟东：《社区工作实务》，高等教育出版社，2003，第6页。
② 程玉申：《中国城市社区发展研究》，华东师范大学出版社，2002，第2页。

一种正式的制度，而是持续的互动。治理意味着政府组织已经不是唯一的治理主体，政府之外的公共机构和私人机构也是合法的治理主体；治理的权力运行呈现上下互动、纵横结合的多元向度；形成了多样化的社会网络组织从事公共事务的共同治理。①

3. 城市社区治理

城市社区治理就是在一定的贴近公民生活的多层次复合的地理空间内，依托于政府组织、民营组织、社会组织和民间公共组织等各种组织化的网络体系，应对城市社区的公共问题，共同完成和实现公共服务以及社会事务管理的改革发展过程。其目的在于达成以公民为中心，面向公民需要的、积极回应外部环境变化的、促使地方富有发展活力的新型社会与公共事务管理体系。

城市社区管理是地方政府改革和自主选择可持续发展道路的行动过程。城市治理无非要实现两大目标：一是依靠治理机制，调动整个社会资源，发挥社区各种社会力量，共同解决地方的公共问题，改善和提高城市居民生活的质量，形成地方可持续发展的能力；二是通过治理，改革地方政府的现有管理体制，重新定位地方政府的管理功能，调整政府与社会的关系，建立政府与企业、公民组织之间的战略伙伴关系，提升地方政府组织管理社会公共事务的能力。

---

① 张宝锋：《现代城市社区治理结构研究》，中国社会出版社，2006，第7页。

在治理过程中，地方政府应进行以下几个方面的改革：地方政府管理职能的重新定位；地方政府重组与机构改革；地方政府战略管理视野与政策议程的发展；更加开放、透明、反腐败的地方政府体系建构；地方公共体系供给和提供方式市场化改革；与市场组织、公民自治形成合作伙伴关系；与中央政府、省级政府和其他政府合作、互惠的框架建立和治理策略应用等。①

（二）我国城市社区的历史沿革：从社区服务到社区治理

新中国成立之初，我国就开始着手建立城市基层社会管理组织，到 20 世纪 50 年代中期，我国城市社区组织体系基本形成。1954 年 12 月，我国正式颁布了《城市街道办事处组织条例》和《城市居民委员会组织条例》两部重要城市社会管理规范性文件。50 年代后期到 70 年代后期，由于受到中国政治动荡和社会不稳定的影响，城市社区建设和治理也经历了一番较大的动荡、曲折和混乱，甚至长期处于停滞状态。改革开放至今是我国城市社区组织走向健康、快速、持续发展的时期。这一时期，我国相继恢复了区人民政府、街道办事处和居民委员会。恢复后的市辖区政府是城市的基层政权组织，街道办事处是区政府的派出机构，居民委员会作为群众性的社区居民自治组织，在街道办事处的指导下开展工作。进入 21 世纪以后，我国城市社区建设和治理工作

_____

① 张宝锋：《现代城市社区治理结构研究》，第 8～9 页。

又进入了一个新阶段，国务院、民政部以及各地方政府都制定、颁布了一系列有关城市社区组织，尤其是规范街道办事处和居民委员会工作的行政法规、规章的地方性行政法规，使城市社区治理工作走上了规范化和法制化的轨道。同时，这一时期，我国社区建设和管理工作的重点也转移到了以经济建设为中心，重视社区服务，重视民生建设，重视提高居民生活质量等方面上来。

随着社会和经济形势的发展，社区服务的内涵也在不断地变化和拓展，突破了原有的社区治安、社会保障、扶弱济贫、计划生育、提供家庭服务等范围，与社区发展和建设之间的联系变得更加密切，逐渐成为社区内可以产生经济效益与社会效益的活动。从全国的一般情况看，社区服务大致经历了三个发展阶段。

一是福利型服务阶段。福利型服务是以为政府确定的民政对象提供服务为主要工作内容，以政府财政的福利资金作保障，提供无偿服务。这虽然还不属于完整意义上的社区服务，但它是社区服务的起点。

二是便民利民服务阶段。便民利民服务是与发展街道经济和社区经济相结合，通过建立服务基地、完善服务网络、配备服务人员，以无偿和有偿相结合的方式，在保证为民政对象服务的基础上，为辖区内居民提供各种便利服务。这体现了政府和基层群众自治组织为民服务的组织行为，是政府主导下的社区服务。

三是社会化服务阶段。社区社会化服务的投资主体既有政府、企业，也包括社区居民和非营利组织，服务方式既包括纯福利型的无偿服务，也包括低偿和有偿服务，服务内容既包括福利保障、便民利民服务，也包括旨在保障居民生活质量、提高居民生活水平的再就业服务、家政服务、物业管理服务、社区卫生服务、社区文化服务、社区治安服务等。[①]

从严格意义上讲，社区服务只能局限和侧重于以社区为载体、以居民为对象的各种福利服务和便民服务，满足居民的最基本的生活需求。随着社区服务的普及和深入，社区服务一方面带动了社区其他工作，呈现了社区全方位发展的态势；另一方面，由于社区服务的局限性，以及社会转型对社区的多重要求，又促使理论工作者和政府部门试图用一个更加宽泛的概念来概括和推动社区工作。鉴于这一点，20 世纪 90 年代初，民政部提出了"社区治理"这一城市社区工作的主方向。

（三）我国城市社区治理的主要结构和模式

1. 我国城市社区治理结构的历史变迁

（1）初步形成阶段

1986 年国家民政部首先在城市基层开展以民政对象为服务主体的社区服务，社区概念第一次进入中国政府管理过程。随着社区服务的普及与深入，社区服务对象也逐渐由民政对象扩展到全体社区居民，社区服务所涉及的项目也越来

---

① 娄成武、孙萍：《社区管理学》，高等教育出版社，2006，第 9 页。

越广泛，远远超出了社区服务所涵盖的内容。于是，民政部从我国国情出发，借鉴国外先进经验，于 1991 年提出了社区建设的概念。社区建设作为加强基层政权建设、改革城市基层管理体制的重要思路和重大举措被提出来。同年，时任民政部部长的崔乃夫明确指出：社区的事情不能光靠政府，还要充分发挥社区居民的力量，两条腿走路；社区建设是健全、完善和发挥城市基层政权组织职能的具体举措；在企业转换经营机制和政府转变职能的前提下建立"小政府、大社会"的国家模式是我国政治体制改革的方向，社区建设就是建立这一模式的基础工程。1996 年，上海市委、市政府积极探索新形势下的城市管理体制，摸索出一条"两级政府、三级管理"的新体制，上海市推进城市建设和管理的做法及经验对全国产生了较大的影响。

（2）积极发展阶段

1999 年民政部启动了"全国社区建设试验区"工作，先后有 26 个城市作为试验区。同年民政部制定了《全国社区建设试验区工作实施方案》，提出要改革城市基层管理体制，培育和建立与社会主义市场经济体制相适应的社区建设管理体制和运行机制。同年 8 月，在杭州召开的全国社区建设试验区工作座谈会上，确定了社区建设的运行机制，即党委政府领导、民政部门牵头、有关部门配合、街道居委会主办、社会各方支持、群众广泛参与。1999 年 10 月，民政部在沈阳召开了"社区体制改革——沈阳模式专家论证会"。与会专家对沈阳模式的社区定位、社区划分、社区组织重构、社区运行机制进行了深入研究，并给予了充分的肯定。此次会议宣传和推广了沈阳城市基层管理的经验，进一步推动了全国的社区建设和治理工作。

（3）逐渐成熟阶段

2001 年 7 月，民政部印发了《全国城市社区建设示范活动指导纲要》，规定社区建设的主要任务是：改革城市基层管理体制，转变政府职能，明确社区职权，理顺社区关系，建立与社会主义市场经济相适应的社区建设管理体制和运行机制；加强社区组织和队伍建设，扩充社区管理职能，规范社区管理，完善各项制度，通过民主选举、民主决策、民主管理和民主监督的社区居民自治活动，建立自我管理、自我教育、自我服务、自我监督的社区组织体系和工作机制。在 2002 年党的十六大会议上，更加明确地指出，要健全基层自治组织和民主管理制度，保证人民群众依法直接行使民主权利，管理基层公共事务和公益事业，对干部实行民主监督。进一步完善城市居民自治，建立管理有序、文明祥和的新型社区。

2. 我国城市社区治理的主要模式

自 20 世纪 90 年代民政局全面启动"全国社区建设试验区"计划以来，全国各大中城市结合各自不同的地区情况，以社区建设为切入点，加强城市基层政权和群众自治组织的建设。目前，已经初步形成了具有中国特色的社区管理体制和运行机制，探索出了可供其他社区借鉴的较为成熟的社区治理模式。其中，具有典型代表意义的就是上海模式、沈阳模式、江汉模式和百步亭模式，它们分别代表了我国城市社区中行政主导型、合作型或混合型、居民自治型以及企业主导型的社区管理模式。

（1）上海模式

1996 年 3 月，上海市委、市政府召开了城区工作会议，决定在原来试点的基础上，正式建立"两级政府、三级管理"的城市管理体制。后来，又进一步发展成为"两级政府、三级管理、四级网络"的城市管理模式，两级政府指市政府、区政府，三级管理指市级、区级和街道办事处三个管理层级，四级网络指居民委员会。

①组织体系

上海在实行"两级政府、三级管理"改革的过程中，将社区定位于街道范围，组织体系上建立了领导系统、执行系统和支持系统相结合的社区管理体制。这三个系统分别履行政策制定、政策执行、政策支持和反馈等功能，由此形成了社区管理的组织结构新体制。

社区领导系统：由街道党工委、街道办事处和城区管理委员会构成。街道党工委是区委的派出机构，其工作重点是加强基层党组织建设，同时，在辖区内拥有重大事项的决策权。街道办事处作为社区最基本的单元在社区行政管理中处于主导地位，履行相应的"准政府"的管理职能，对辖区内的城区管理、社区服务、社区综合治安管理、精神文明建设和街道经济组织行使领导、协调、监督等行政管理职能，对地区性、群众性、社会性的工作承担全面责任。城区管委会定期召开例会，商量、协调、监督城区管理和社区建设的各种事项，制定社区发展规划。城区管委会作为条与块之间的中介，发挥着重要的行政协调功能，使条的专业管理与块的综合管理形成有机的整体合力。

社区执行系统：由四个工作委员会组成。在街道内设有四个委员会：市政管理委员会、社区发展委员会、社区治安综合治理委员会、财政经济管理委员会。市政管理委员会负责市容卫生、市政建设、环境保护、除害灭病、卫生防疫、城市绿化。社区发展委员会负责社会保障、社区福利、社区服务、社区教育、社区文化、计划生育、劳动就业等与社区发展有关的工作。社区治安综合治理委员会负责社会治安与司法行政。财政经济管理委员会对街道财政负责预决算，对街道内金融工商、物价、税收方面进行行政管理，扶持和引导街道经济。

社区支持系统：由辖区内企事业单位、社会团体、居民及其自治性组织构成。它们通过一定的组织形式，如社区委员会、社区事务咨询会、协调委员会、居民委员会等，主要负责议事、协调、监督和咨询，从而对社区管理提供有效的支持。[①] 上海模式还将居民委员会这一群众性自治组织作为"四级网络"，发挥居委会的作用，推动居民参与社区管理。

---

① 桑玉成、杨建荣：《从五里桥经验看城市社区管理的体制建设》，载《政治学研究》1999年第2期。

②运行机制

在运行机制上，上海以加强街道第三层级管理为重点，以权力下移为关键，"条块结合，以块为主"。区政府及其职能部门向街道层级下放了权力，强化了社区内政府组织的行政职能，明确了街道办事处是城市"三级管理"中的一级，行政相当于政府的管理职能。各区从行政管理权和财政倾斜等方面保障了街道办事处在社区建设和管理实践中的核心作用。在行政管理权上，街道办事处对辖区内的社区建设和管理行使组织领导、综合协商和督促检查职能，对区政府各级职能部门在街道辖区内的依法行政情况行使调查权、监督权。区政府的重要决策、区域规划和市区两级工程项目等重大事项，街道办事处在事前、事中和事后都有知情权、参与权和建议权。区政府职能部门按照社区行政管理的职能，在街道层面设立了警署、工商所、房管办、税务所、司法所等派出机构，融入街道办事处内的专业委员会，接受街道办事处的综合协商和双重领导，整合了基层权力，在一定程度上减少了条块分割所带来的矛盾。当然，街道办事处的行政行为，必须接受区政府有关部门、社区的人大代表、政协委员、社区居民代表大会、居民委员会等的监督。在经费保障上，区政府根据街道办事处所承担的公共事务，进一步向街道倾斜财力。

在街道办事处内，淡化科室概念，加强综合管理，设立市政管理、社区发展、社会治安综合治理、财政经济等专业委员会，具体负责社区管理、精神文明建设、社区治安、街道经济等管理任务。

各社区都建立了社区成员代表会议制度。社区成员代表会议由社区居民代表和单位代表组成，对辖区内的自治事务实行决策和监督。社区居委会拥有三项职权：一是自治权，拥有在国家法律、法规和政策范围内自主决定社区内各项事务的权力，包括民主选举权、事务决策权、日常管理权等；二是协管权，协助政府管理与社区成员有关的行政事务；三是监督权，受社区成员代表会议的委托，对有关部门和其他社会组织履行社区工作职责进行监督、评议。

（2）沈阳模式

从 1998 年下半年开始，沈阳市在和平、沈河两区试点的基础上，开始在全市展开社区制度改革，重新调整了社区规模，将社区定位在街道办事处与规模调整前的居委会之间。

①组织体系

沈阳市社区组织体系体现了"社区自治、议行分离"的原则，包括决策层、执行层、议事层和领导层四个层面。决策层为社区居民大会或居民代表大会，由社区居民和社区单位代表组成，定期讨论决定重大事项，负责民主选举、民主监督社区管理委员会的组成人员，听取并审议社区管理委员会的工作报告，制定或修改社区自治章程和居民公约，动员社区力量参与社区建设等。执行层为社区管理委员会，是社区居民大会或居民代表大会的办事机构，也是社区的居民委员会，与规模调整后的居委会实行一套班子、两块牌子。社区管理委员会由社区居民大会或居民代表大会选举产生，作为自治管理机构，它的基本职责是组织社区成员进行"自我教育、自我管理、自我服务"，管理社区的公共事务和公共事业。社区管理委员会下设治保调节、环保卫生、文化教育、保障服务、监督协调等岗位。议事层为社区协商议事委员会，由社区内人大代表、政协委员、知名人士、居民代表、单位代表等组成，在社区代表大会闭会期间行使对社区事务的协商、议事职能，有权对社区管理委员会的工作进行监督。① 领导层为社区党组织，它是社区的领导核心。社区党组织由社区党员大会或党员代表大会选举产生，每届任期三年。社区视其党员人数分别设立党的基层委员会、党的总支部委员会、党的支部委员会。其主要职责是宣传和贯彻党的路线、方针、政策，团结和带领社区广大党员、群众，完成社区所担负的各项任务。支持和保证社区管理委员会等组织依法履行职责，独立自主地开展工作。搞好党组织自身建设，对党员进行管理、教育和监督等。

②运行机制

沈阳市的做法理顺了条块关系，构建了新的社区管理组织体系和运行机制，形成了颇具特色的沈阳模式。在运行机制上，沈阳社区治理模式体现了"社区自治、议行分离"的原则。首先，在社区的划分方面，能够根据社区居民居住的地缘关系、心理认同感等社区构成要素，按照有利于群众

① 魏娜：《我国城市社区治理模式：发展演变与制度创新》，载《中国人民大学学报》2003 年第 1 期。

自治和管理、优化资源配置、提高工作效率的原则，将社区划分为四种类型：按照居民居住和单位自然地域划分的"板块型社区"，以封闭型的居民小区为单位的"小区型社区"，以职工家属聚居地为主体的"单位型社区"和根据社区的不同功能特点，以高科技开发区、金融商贸开发区、文化街、商业区等划分的"功能型社区"。其次，按照"小政府，大社会"的原则，政府对社区的干预主要以间接方式进行，政府的主要职责是通过制定各种法律法规来规范社区内不同团体、组织、家庭和个人的行为，政府将社区管理的职权包括自治权、监督权交给社区，社区内的具体事物完全实行自主治理。这样，社区组织拥有相对应的权力，在社区建设和发展中具有主导性。这样一来，初步理顺了社区的各种关系。

（3）江汉模式

武汉市江汉区在学习借鉴沈阳模式的基础上，探索社区体制改革，将社区定位为"小于街道、大于居委会"。在2000年9月17~18日召开的"武汉市江汉区社区建设与体制研讨会"上，江汉区的做法被专家学者和民政部肯定为"江汉模式"。

①组织体系

江汉区通过民主协商和依法选举，构建了社区自治组织，即社区成员代表大会、社区居委会和社区协商议事会，并明确提出社区自治目标。与沈阳模式不同的是，江汉模式没有把社区协商议事会作为社区成员代表大会的常设机构。社区成员代表大会由社区居民和社区单位代表组成，负责民主选举、民主监督社区管理委员会的组成人员，听取并审议社区管理委员会的工作报告，制定或修改社区自治章程和居民公约，动员社区力量参与社区建设等。作为社区居民大会的办事机构——社区居委会主要负责社区自治，与街道办事处的关系是指导与协商、服务与监督的关系，不是行政上下级关系。居委会不再与街道签目标责任状，并有权拒绝不合理的行政摊派工作。社区居委会成员采取选考结合的办法，面向社会公开招聘，经过笔试、面试、发表竞选演说、居民代表初选等程序，最后依法选举产生。社区协商议事会行使对社区事务的协商、议事职能，建立社区协商议事会和社区居委会共同决策制度。社区居委会根据需要，对一些需要协商的问题，主动提出与协商议事会共同研究，经协商形成一致的意见，作为社区居委会决策的依据。同时，江汉社区还建立了社区党组织互动式的民主决策制度。

②运行机制

江汉区通过承诺公示基层管理体制改革，构建了新型社区管理体系。江汉区城市基层管理的运行机制集中体现在《江汉区人民政府关于适应社区建设需要，转变政府职能的试行意见》（以下简称《意见》）之中。《意见》提出了转变政府职能的四项原则，即面向社区，重心下移；权随责走，费随事转，责、权、利配套；以人为本、整合资源；扩大民主，依法自治。政府职能部门面向社区，工作中心下移，如区街政府部门要做到"五个到社区"，即工作人员配置到社区，工作任务落实到社区，服务承诺到社区，考评监督到社区，工作经费划拨到社区。为保证区街政府部门职能转换到位，根治过去那种"遇见好事抢着做，遇见烦事无人做，遇见责任'踢皮球'"的顽症，建立"责任到人、承诺到人和监督到人"的实施机制。同时通过一整套评议指标体系，由社区工作者和社区成员对政府部门及其工作人员进行评议，不合格的受到相应处理。"权随责走，费随事转"包括两种情况：一是区街政府部门需要社区居委会协商处理"与居民利益有关的"工作时，经有关部门批准，并征得社区组织同意后，区街政府部门必须同时为社区自治提供协商所需权力和经费；二是区街政府部门做不好也做不了的社会服务性职能向社区转移时，必须同时转移权力和工作经费，做到"谁办事、谁用钱，谁负责、谁有权"，保证社区协商工作时或承接社会性服务职能时，做到"有职、有权、有钱"①。

（4）百步亭模式

百步亭花园社区位于武汉市江岸区，是武汉市最大的安居示范社区。百步亭社区由百步亭集团于1995年开发建设，总面积3平方公里，现有居民9万多人。百步亭社区经过艰苦思索、大胆创新、勇于实践、不断完善，将房

---

① 陈伟东：《论城市社区民主的制度结构——以武汉市江汉区社区建设实验为例》，载《社会主义研究》2001年第3期。

地产开发建设、政府对社区的智能管理和社区的事业服务三者结合起来，首创中国全新的"建设、管理、服务"三位一体的"百步亭社区管理模式"。

①组织体系

百步亭花园社区的社区组织体系在纵向层面上有党的组织体系、政府与社区指导体系和社区管理委员会。党的组织体系由区党委、社区党委、楼区党委支部和门道党小组构成。政府与社区指导体系主要包括区政府、社区管理委员会。社区管理委员会体系主要包括各职能委员会和物业公司，可分为三部分：一部分为"安居公司"，主要承担建设任务；一部分为服务机构，主要是物业公司和社区服务中心；一部分为管理机构，其中又分为政府驻社区职能部门和自治组织两部分。百步亭花园社区组织体系在横向层面上有三个层次：一为社区党委、社区管理委员会、政府职能单位。社区党委与社区管理委员会之间是领导与被领导关系，社区管理委员会与政府职能单位之间是合作共建关系。二为社区内各职能组织。社区内各职能组织之间是合作共享关系。三为居民团体、小组。在此基础上，百步亭花园社区建立了全覆盖居民自治网络，3 个居委会，461 名楼道长，233名小楼楼长，8000 多名社区志愿者，积极参与社区管理。

②运行机制

百步亭花园社区在管理运行机制上，打破传统的区、街、社区的行政体制，取消街道办事处，创建了"社区管理委员会、物业管理公司、居民委员会"三位一体的新型管理模式。社区管理委员会是一个半行政半自治的组织，履行基层政府的部分职能，协调社区各单位开展工作。在江岸区委、区政府的直接领导下，代行街道一级党委、政府的职责，对社区组织及各项活动进行领导、组织和协调。物业管理公司在社区管理委员会的直接领导下，严格按照物业管理条例以及业主的意愿，实行规范管理和提供全方位的服务。居民委员会作为群众自治组织，其成员由居民选举产生。按照"自我完善、自我教育、自我服务、自我监督"的原则，居委会是社区中最有权力的、职责范围最广的社会组织。主要行使维护居民合法权益，办理社区居民的公共事务和公益事业，并动员组织居民参与社区建设。百步亭花园社区还设立了党委会，成立了群团组织、业主委员会以及驻区组织辅助系统。以开发公司、物业管理公司和业主委员会为例，开发公司对物业管理公司提出要求，并加大投入，在硬件方面给物业管理公司以支持，寻求下一步新的长远的发展。业主委员会代表业主的利益监督物业管理公司搞好物业，三者有各自的权限，但又互相制约，互为补充，达到齐心协力开发管理建设好小区的目标。① 同时百步亭社区首创"双向进入、交叉任职"的基层党组织工作体系。社区党委5名成员分别兼任社区各组织的领导职务。四个区党委借鉴"支部建在连上"的做法，将党小组楼栋组织制、24小

---

① 张秀生：《百步亭花园社区的建设与管理体制》，载《学习与实践》2002年第5期。

时党员责任制、社区与党员所在工作单位的联系制；把离退休党员接回家，给在职党员安个家，为流动党员找到家，给下岗党员一个温馨的家。表2-2提供了国内具有代表性的三种社区治理模式的比较。①

表2-2　三种社区治理模式的比较

比较项目	上海模式	沈阳模式	江汉模式
主要特征	强化街区行政权能，以行政力量推动社区建设	通过组织建设促进社区民主自治的体制完善	转变政府职能，发挥政府社区功能
组织体系	二级政府、三级管理、四级网络	社区成员代表大会（决策层）；社区协商议事委员会（议事层）；社区管理委员会（执行层）；社区党组织（领导层）；各类协会（公民自治）	社区成员代表大会（决策层）；社区协商议事委员会（议事层）；社区居民委员会（执行层）；社区党支部（核心层）
运行机制	街道建立社区发展委员会，依托政府权力发展社区	社区自治，议行分离	自我完善，自我教育，自我服务，自我管理
推进方式	政府推进	政府推进和民主自治	政府推进

（四）我国城市社区治理的主要目标

社区治理的目标包括诸多层次和方面，在这个问题上较有影响的理论是"社区工作目标二分法"。罗夫曼（J. Rothman）曾将社区治理目标归纳为两大类：一是解决

---

① 康之国：《构建城市和谐社区与社区治理创新研究》，第57~65页。

一些特定的社会问题，包括完成一件具体事项、达成一些社会福利的目标，来满足社区需求，如修桥铺路、安置无家可归者等；二是促进社区居民的一般能力，包括建立社区内不同群体的合作关系，发掘及培育社区领袖参与社区事务，加强公民解决社区问题的能力、信心及技巧等。即在社区建设中前者通常被称为"任务目标"（task goals），后者被称为"过程目标"（process goals）。罗夫曼的二分法比较笼统，20世纪80年代，英国学者托马斯提出另一个较有影响的目标二分法，他认为社区治理有两大目标：一是分配资源（distributive dimension），社区建设是组织居民就其切身利益争取合理而公平的资源调配，从而令居民的权益得到保障。二是发展市民（developmental dimension），促进公民权的发展和培养居民的"社区凝聚力"。

从国内外关于社区治理目标的理论来看，社区治理的目标绝不仅仅是服务。社区治理的提出源于社区服务，二者之间有着必然的联系。从形成过程来看，社区服务是社区治理的基础，社区治理是社区服务的延伸；从运作方式和主要特点来看，社区治理与社区服务具有较强的一致性，二者都是各类社区主体共同参与的过程，都具有显著的社会性；从内容上看，社区服务是社区治理的重要方面，但不等同于整个社区治理。虽然服务在社区治理的初期是十分必要的，但服务仅仅是社区治理的开始，社区治理还应当进入更深一个层次，即促进社区居民的民主参与和培养居民对社区的认同，以及增强社区的凝聚力和对社区的归属感。因此，我们可以为城市社区治理制定这样一个目标：第一，真正从居民需要出发完善社区服务体系。这是争取社区成员支持社区治理的前提和方式，关键是服务要能真正体现居民的需要，解决居民的困难。第二，整合社会资源满足社区需要。社区治理要促进各方面社会力量的参与，协调各种资源更有效地服务于社区。第三，促进居民参与解决自己的问题，参与社区事务的决策和管理，提高民主自治能力。第四，树立居民的社区意识和社会意识，使他们了解和体会到自己与社区乃至与整个社会的联系，并能够表达自己的意愿，居民可以依托社区基于自身的利益和公民权对政府行为进行制约和监督。第五，实现居民个人利益和公共利益的协调与统一，既实现居民正当的个人利益，又能加强居民对社区公共利益的认同，形成和谐的人际关系。

二 国内外社区治理的比较与借鉴

社区发展在西方国家已有超过百年的历史，在西方发达国家，社区发展已达到相当高的水平。比较和借鉴国外城市社区治理的理论和实践经验，无疑对我国正在兴起的城市治理有着积极的意义。众所周知，美国、日本、新加坡社区治理各有特色。从一般意义上讲，现代城市社区治理模式的差别主要在于政府、社区组织及其他组织之间的权能配置方式。理论界一般把国外城市社区治理模式分为三种类型，即美国自治型模式、新加坡行政主导型模式和日本混合型模式。这三种治理模式的共同特点主要表现在以下几个方面。

（一）社区治理组织体系完整

发达国家的社区组织体系比较完整。一般包括以下几个层次：一是政府的专门机构，由政府授权，在特定范围内经办政府对社区的官方政策的执行事宜；二是居民自治性组织，主要职责是向政府反映收集到的关于社区事务的建议与意见，直接表达民众的呼声；三是非营利性非政府性组织的第三部门，其职责是受政府领导、委托或出于自愿，具体实施社区的各项服务工作。

（二）多元主体合作共享

社区治理由政府单独负责转为政府、社区自治组织、第三部门共同负责。这要求政府必须以指导者和监督者的身份，通过制定公共政策和公共服务的目标、标准、原则去规范、监督其他主体的承诺与运行状况，审查社区公共事务管理的质量和效益，促进社区公共利益和福利的扩大，并致力于一切力量，为社区提供有效的、经济的、高质量的公共产品和公共服务。

（三）治理机制有所创新

国外社区治理最突出的制度创新就是市场化和民营化。市场化包括两个层次：一是社区公共事业服务者参与的市场化，二是社区公共产品提供的市场化，即公私部门所提供的公共产品都必须平等地接受市场和公众的检验，并按照市场竞争规律优胜劣汰。民营化意在通过实现社区公共事务管理的社会化，打破政府对社区公共服务的垄断，在多元化治理主体的参与下，形成科学的治理机制。

（四） 社区治理中公众积极参与

在西方发达国家社区居民参与管理已是一种传统。居民对自己的权利和责任都较为重视。例如，在美国，涉及社区管理和建设的城市规划的编制、土地使用法规的审批都要召开听证会，听取市民的意见，并通过媒体向大众公布。又如，在日本，町会根据区内居民的要求与政府沟通，在涉及社区的重大问题上，向政府提出建议，以维护居民权益。社区中的居民完全以"社区人"的角色积极为自己的权益进行各种工作。

（五） 依法治理社区

西方国家城市管理比较成功，主要是通过各项法律法规调整社区中各单位、各团体、各家庭以及个人在城市中发生的各种关系及其间的矛盾和冲突。社区内的公民行为受到法律的约束和保护，这与西方发达国家整个社会的法制性较强有着直接的联系，社区内的工作严格依照法律法规运行。

（六） 社区活动经费来源渠道很多

国外社区活动经费来源大致可以分为几种情况：一是政府拨款，社区内部的公共设施等日常经费由政府提供；二是来源于个人和组织的捐款，比如宗教组织和慈善机构的资助；三是来源于自筹经费，完全自治性组织的活动经费一般由组织成员自筹，社区组织的领导者基本上是志愿者，许多人的工作是兼职的、义务的。

总之，西方城市社区治理中对政府作用的重视以及对社区自身力量、第三部门的培育引导反映了社区治理主体在社区空间内的力量整合，共生互利，从而才能达到社区内公共利益的最大化。与西方国家以及东亚新兴国家相比，由于我国的市场化程度与公民社会的相对不发达，我国社区发展在实践中仍存在一些需要解决的问题。从实际运作经验来看，自治所需要的制度空间与居民素质能否达到自治的要求是重要的两方面，它将决定自治能否真正实现。中国社区的自治空间还有待于政府的自觉放权，但放权的主动性还在政府手里。一些学者提出，社区自治模式自我矛盾，在理论上主张政府行政权力的淡出，而在实践上却将政府作为预设的推动主体。与国外社区治理模式相比，我国社区公共事务的管理机制不尽科学。理论上应该把行政机制、市场机制、自治的社会机制在社区内实现有机整合。行政机制有利于社区的稳定和秩序的建立，引入市场机制有利于提高管理效率和管理质量，但市场机制引发的竞争关系容易破坏社会的和谐，而采用社会机制，可以调动社区组织与个体的自主性和积极性，减少行政机制、市场机制的成本。在社区内多个机制的共同运行才有可能达到功能互补，实现社区公共利益的最大化。国外社区治理实践给我国社区治理和建设的启示是：强化政府权力的行政导向和强化居民自治权利的自治导向，单项偏重一极的做法在我国当前的社区建设中或许未必是有效的途径。社区是一个多元主体整合的空间，是一个多机制合作互补运作的空间。[1]

---

[1] 魏娜：《我国城市社区治理模式：发展演变与制度创新》，载《新华文摘》2003年第6期，第20~22页。

为了更好地进行比较分析，我们选择社区发展水平较高的新加坡、美国与中国香港地区等地城市社区治理进行简要的对照比较（见表2-3）。

表2-3　国内外社区治理对照比较

国家（地区）	类型	主要特点
新加坡	政府主导型	政府制定社区发展规划，为社区提供物质支持与行为指导，承担社区公共设施与日常经费
美　国	政社分离型	政府通过政策调节、法律制定、财政支持对社区进行宏观管理，具体社区事务由非政府组织承担实施，财政压力被中介组织减轻
中国香港	半行政半自治型	政府资助官办的行政性社区组织、官民合办（民办为主）的半行政性社区组织、居民自治组织等共同承担社区管理
中国内地城　市	政府主导型	政府宏观政策推动社区发展方向、领导社区开展工作，承担一部分社区管理日常经费，大部分经费由街道、居委会自筹

通过以上对照比较，我们认为，当前我国城市社区治理和建设正处于政府主导型的社区治理模式向政府推动与社区自治相结合的社区治理模式转变时期。由于城市之间社区治理和建设的基础不同，各城市在社区发展阶段上也存在着一定的差异性。我国城市社区治理模式由行政型社区向合作型社区和自治型社区的发展过程代表着我国城市社区治理模式发展的方向。[1]

---

[1]　胡祥：《城市社区治理的热点问题研究》，第183~187页。

第三章 拉萨市社区治理工作的
历史与现状

第一节 西藏社会管理与社区治理的历史回顾

一 和平解放后西藏的社会管理和社区治理（1951～1959年）

西藏和平解放至1959年民主改革，从两种政权的并存和对立到百万农奴翻身解放，经历了尖锐、激烈、复杂的斗争，是西藏各族人民走向新生的特殊历史时期。与此同时，西藏的社会管理和社区治理也经历了一段十分特殊的历史形态，主要表现为社区不稳定，社会管理体制和制度相对落后。

西藏和平解放后，从西藏的特殊情况出发，《中央人民政府和西藏地方政府关于和平解放西藏办法的协议》（以下简称《十七条协议》）规定对于西藏的现行政治制度中央不予变更。两种政权并存的局面，在西藏持续八年之久。这一时期西藏的主要任务，是执行和维护《十七条协议》，建立和发展反帝爱国统一战线，保障全体人民生命财产安全，执行信教自由，建立革命秩序，同时做好群众工作，为实现民族区域自治准备条件。为此，中共西藏工委做了大量艰苦细致的工作，使民族团结不断加强，爱国进步力量不断加强，社会也趋于稳定。但是，由于两种政权各自保持一定的独立性，对暂时统一不起来的事情，仍各行其是。这种特殊的局面，反映了西藏政权建设中的复杂性，也是影响西藏社会稳定和社会主义建设的最大阻力。

1959 年 3 月 10 日，西藏地方政府和上层反动集团公开撕毁《十七条协议》，发动了震惊中外的旨在分裂祖国、维护封建农奴制度、图谋"西藏独立"、反对民主改革的全区性的全面武装叛乱。西藏的平叛斗争一直到 1962 年 3 月才结束。这三年，西藏工作的中心从过去八年执行《十七条协议》转变到平叛改革的新时期，相继完成了相辅相成的两项重要任务：一是彻底平息了全区的武装叛乱；二是在平叛的同时，在全区完成了民主改革，彻底摧毁了反动的封建农奴制度。民主改革使西藏社会发生了质的变化，实现了社会发展的飞跃，为西藏社会的发展稳定和民族进步繁荣开辟了广阔的道路。

二　改革开放前西藏的社会管理和社区管理（1960～1980 年）

从 1961 年民主改革基本完成，到 1965 年西藏自治区正式成立，西藏经历了一个稳定发展、民主建设、巩固民主改革成果的阶段。经过民主改革后几年的稳定发展，在政治、经济、文化等方面都取得巨大成绩的基础上，1965年9月，正式成立了西藏自治区，西藏人民真正当家做主的新时代终于到来。

在西藏实行民族区域自治，就是根据中华人民共和国宪法建立区域自治政权，藏族和区内其他少数民族行使当家做主、管理本民族内部地方性事务的权力，保障各民族的平等地位，充分发挥各族人民进行社会主义革命和建设的积极性，巩固祖国统一，加强民族团结，推动社会进步和民族繁荣。所以这一时期，即使是后来的十年"文革"时期，西藏的社会和社区都表现为相对稳定，没有大的政治事件和社会事件发生。

三 社会转型期西藏的社会管理和社区管理（1981年至今）

（一）"3·14"事件发生以前西藏的社会管理和社区管理

经过自治区成立后40多年的发展，西藏的经济制度、社会制度、社会结构、社会意识等发生了深刻的变化，经济和社会都处在转型期，各种社会矛盾都凸显出来。例如：城市居民的失业问题、拆迁补偿问题，农牧区的草场纠纷、虫草纠纷、拖欠农民工工资问题等，都严重影响到西藏的社会稳定。特别是，达赖分裂集团不断加大对西藏的渗透，甚至煽动少数不法暴徒在西藏拉萨和我国其他藏区制造打砸抢烧的罪行，造成了社会的极度不安定、社区极度不稳定。这些都表明构建符合西藏特点的社会建设和社区管理道路的必要性和紧迫性，表明建设符合西藏特点的社会建设和社区管理道路的重要性与复杂性。

这一时期，西藏的社会管理和社区建设也取得了巨大的成就。自20世纪80年代拉萨市区建设团结新村起，从东郊到西郊、北郊建起了一大批居民住宅区，在拉萨的近郊县（区）也建起了相对集中的农牧民住宅区，形成了一定规模的社区模式。党的十六大以来，西藏以加强城乡自治组织建设为重点，以建设和谐社会为目标，以增强社区基层党组织建设、社区管理和服务为内容，大力加强基层民主政治建设，充分发挥社区党团组织的堡垒作用，提高社区居民参与和归属意识，社区治安稳定，群众性自治组织在基层特别是在广大农牧区协调利益、化解矛盾、排忧解难中的优势和特殊作用，有力地促进了西藏社会的和谐稳定，不断满足居民日益增长的物质文化需要，使西藏人民安居乐业有了保障。拉萨市城关区当巴社区居委会就是建设和谐社区的典范。

（二）"3·14"事件发生以后西藏的社会管理和社区管理

拉萨市"3·14"事件发生以来，西藏各级政府不断创新社会管理理念，全区上下对社会管理工作的重要性和紧迫性都有了深切的认识，各项社会管理工作得到了较大加强。社会管理领域的人力、物力、财力投入都有所增加，硬件建设和管理水平有了很大的提高，社会局势已由基本稳定走向持续稳定。不容忽视的是，由于历史积累薄弱、思想观念滞后、投入不足、落实不到位、管理经验匮乏等原因，西藏的社会管理工作仍然面临着严峻的挑战，仍存在着一些亟待解决的深层次的问题。一是反分裂斗争形势仍然十分严峻；二是人民内部矛盾多样多发，长期积累的深层次问题和矛盾逐渐涌现，因各种利益诉求引发的群体性事件时有发生；三是刑事犯罪居高不下，数量成攀升之势；四是我们在认识、观念、体制、投入上还有许多做得不到位的地方。这些问题考验着西藏的社会管理体制，而加强和创新社会管理体制的一个基本前提就是创新社会管理理念。在这里也应指出，旧西藏政教合一制度的长期统治，"官本位"农奴主意识的广泛存在，在社会管理理念上缺乏起码的现代民主意识和服务意识，是西藏社会管理工作的最大障碍。因此，树立以人为本、服务为先的管理理念，寓管理于服务之中，就成了西藏特点的社会建设道路的一个重要理念支撑。改革开放以来，随着社会主义市场经济体制的逐步完善和政府职能的转变，社会组织数量快速增加，创新社会管理理念成了党和政府的一个亟待解决的问题。一是坚持以人为本的理念。深刻认识人民群众是社会发展进步的动力，社会发展的根本目标是人的全面发展，坚持人性化的社会管理模式。二是树立管理就是服务的理念。深刻认识一切社会管理部门就是为人民群众服务的部门，一切社会管理工作都是为人民服务的工作，寓管理于服务，在服务中进行管理。三是树立齐抓共管的理念。形成党委领导、政府负责、社会协同、公众参与的社会管理格局。

另外，"3·14"事件以来，西藏各级政府不断推进寺庙法制建设和教育，努力加强和创新寺庙社区管理工作。西藏现有宗教场所 1700 多处，住寺僧尼达 46000 多人，藏传佛教活佛大约有 350 名，在达赖集团加紧对我国境内寺庙进行渗透的形势下，如何加强对寺庙和僧尼的管理是西藏社会管理领域一个不容忽视的重点，也是一个颇为棘手的难点。尽管西藏的社会局势已经由基本稳定迈入持续稳定的阶段，但反分裂斗争的尖锐性和复杂性，迫使我们丝毫不能放松警惕，必须加强对重点区域和重点人群的管控。达赖集团企图将分裂活动的重心转移至国内，企图把寺庙作为推行其分裂主张的重要基地。这已是多年公开的秘密。面对严峻的形势，必须在思想上毫不动摇地坚持党中央确定的反分裂斗争的基本方针，把反分裂斗争作为一场持久战、民心战来认真对待，把寺庙管理作为社会管理的重点来抓。

全面贯彻落实党的宗教工作基本方针和国家管理宗教事务的法律法规，最大限度地减少西藏宗教活动场所的不和谐因素，积极引导藏传佛教与社会主义社会相适应。坚持分级负责、属地管理原则，依法对所在地宗教活动场所的管理组织、规章制度建设等情况进行经常性的检查和监督，对寺庙在定编范围内登记的僧尼进行认真考核登记，把宗教活动场所的管理纳入各级政府社会管理工作的范围，推进西藏宗教活动场所管理的规范化、法制化。在寺庙和广大僧尼中，深入开展维护祖国统一、加强民族团结的思想教育，使其不断增强中华民族意识、国家意识、法治意识、公民意识，夯实反分裂斗争的社会基础和群众基础。继续深入揭批达赖集团政治上的反动性、宗教上的虚伪性和手法上的欺骗性，使广大僧尼能明辨是非，增强对伟大祖国和中华民族的认同感，真诚拥护社会主义制度和民族区域制度，自觉反对分裂。加强对寺庙僧尼的法制教育，让宪法和法制进寺庙、进僧尼头脑，提高寺庙僧尼的爱国守法意识。努力强化"四个认同"，即"对祖国的认同、对中华民族的认同、对中华文化的认同、对中国特色社会主义的认同"。在对寺庙和僧尼的管理中，切实做到"四个同样对待"，即"把寺庙当作社会基本单位同样对待，把寺庙当作基层组织同样对待，把僧人当作国家公民同样对待，把民管会干部当作非党员干部同样对待"。应该说西藏自治区第八次党代会以来实施的寺庙"九有""六通"等工作已初见成效，表明我们已摸索到了加强寺庙管理的基本规律，应坚持不懈地认真总结经验，加以完善。应发挥爱国宗教组织自我管理的功能，形成政府依法管理和宗教组织自治的良性协调机制。高举维护社会稳定、维护社会主义法制、维护人民群众根本利益、维护祖国统一、维护民族团结的旗帜，紧紧依靠群众，筑牢反分裂、防渗透的阵地，坚决打击和严密防范达赖集团的渗透破坏活动。建立军警民高效联动的防控体系以及快速反应的应急指挥系统，健全反恐怖工作协调机制，努力实现寺庙管理法治化、宗教活动正统化、宗教秩序正常化、宗教关系和谐化，确保西藏的和谐稳定。

第二节　拉萨市社区治理的重要意义

党的十六届四中全会明确提出了构建社会主义和谐社会这一重大战略任务，并正式列入党和国家重要议事日程。胡锦涛同志在省部级领导干部构建和谐社会专题研讨班上又对此做出深刻论述，特别强调建设社会主义和谐社会要加强城市基层自治组织建设，而城市基层自治组织建设的工作重点是建设和谐社区。党的十七大明确提出要健全基层党组织领导的充满活力的基层群众自治机制，扩大基层群众自治范围，完善民主管理制度，把城乡社区建设成为管理有序、服务完善、文明祥和的社会生活共同体。2011年2月23日，时任中央书记处书记、中央党校校长的习近平同志在"省部级主要领导干部社会管理及其创新专题研讨班"结业式上作了总结讲话。他强调，加强和创新社会管理，要同做好群众工作紧密结合起来，深入研究形势和任务的发展变化对群众工作提出的新要求，积极探索加强和改进群众工作的新途径新办法，把群众工作贯穿到社会管理各个方面、各个环节，从源头上化解社会矛盾、维护社会稳定、促进社会和谐。在拉萨市城关区加强和谐社区的建设和治理是解决西藏两个特殊矛盾，实现社会和谐稳定和长治久安的重要保证，对于西藏的经济建设和社会发展具有十分重要的战略意义。

一　加强拉萨市社区治理是维护社会稳定的重要基石

拉萨市地处反分裂斗争的前沿，城市社区和广大农牧区则是西方敌对势力和达赖集团实施颠覆、渗透、破坏活动的重点。达赖分裂集团在西方敌对势力的支持下，打着"民族""宗教""人权"的旗号，利用各种问题制造不稳定因素。因此，大力推进拉萨市社区的建设和治理，坚决抵制达赖集团的分裂破坏活动，从源头上解决社会问题和社会矛盾，才能筑牢反分裂斗争的防线。

二　加强拉萨市社区治理是各民族平等、团结、稳定的有效保证

由于受特殊的地域因素和人文环境影响，民族隔阂、民族不团结以及突发事件的隐患在拉萨市仍然存在。要妥善解决这些问题，除正确地执行党的民族政策外，更重要的是进一步加强社区建设和治理，使民族问题和民族矛盾得到有效的缓解和控制，使各民族之间能够团结友爱、和睦共处。

三　加强拉萨市社区治理是党和政府密切联系各族群众的重要桥梁

加强社区建设和治理，能够建立上情下达、下情上报的工作渠道，合理解决各民族居民利益诉求，倾听各族群众的呼声，化解社会矛盾和民族矛盾，使之成为各民族团结一心

建设社会主义新西藏的桥梁和纽带。

需要特别指出的是，拉萨市市委、市政府多年来着眼区情、市情，不断深化对加强和创新社会管理和社区建设重大意义的认识。市委、市政府及所辖职能部门、各县（区）党委和政府认真学习中央关于加强和创新社会管理、第五次西藏工作座谈会以及自治区第八次党代会的指示精神，充分认识加强和创新社会管理以及社区治理的重大意义，形成了统一的思想和观念。拉萨市作为西藏的首府城市，要充分发挥首府城市首位度的作用，在加强和创新社会管理和社区治理中具有较强辐射影响，在维护社会稳定中具有关键的作用。西藏自治区党委和政府对拉萨市的社会管理特别是社区治理工作提出了非常高的要求。2011年11月，自治区党委书记陈全国在第八次党代会上指示，拉萨市要充分发挥"首府城市首位度作用"，在科学发展中发挥带头作用、在民族团结中发挥模范作用、在生态建设中发挥引领作用、在改善民生中发挥先行作用、在党的建设中发挥先锋作用、在维护稳定中发挥关键作用、在文化发展中发挥示范作用。在经历了"3·14"事件后，拉萨市各族干部群众对拉萨未来的发展有了更高的新期待，各族人民盼稳定、思发展。拉萨市各级党委、政府积极回应广大人民群众的新期待，把加强和创新社会管理以及社区治理工作作为义不容辞的责任，作为提高党的执政能力的一个重要着力点，作为充分发挥首府城市首位度作用的一个重要着力点，在全区发挥社会首位度作用，创造良好的社会环境。

拉萨市在西藏经济社会跨越式发展中居于非常重要的地

位，各级领导认识到社会管理特别是社区治理必须跟上经济社会发展的步伐，把加强和创新社会管理以及社区建设和治理作为一项改革的重要任务来推进。同时还认识到，西藏社会走向长治久安，不仅要有国家专政力量的保证，而且也必须有人民民主的保障，切实做好各族人民群众的工作，通过社会管理以及社区治理的创新，及时掌握各族人民群众的利益诉求，最大限度地满足他们的合理需求，减少社会矛盾和问题的产生，把人心争取到执政党和政府这边，最大限度地孤立达赖集团。

第三节 拉萨市社区治理的必要性及现实基础

一 拉萨市社区治理工作的必要性

（一）开展拉萨市社区治理工作可以适应改革开放和经济社会发展的需要

改革开放以来，经济的快速发展加速了社会结构的变化。一是社会成员的隶属关系发生了变化。大量"单位人"转变为"社会人"，社会成员从属于一定社会组织的传统管理体制和方式已被打破，使城市基层管理组织面临许多新的矛盾和问题，迫切需要建立一种新的社区治理模式，以顺应新形势下城市基层治理的要求。二是社会成员的管理方式发生了变化。随着政府职能的转变、国有企业改革的进一步深化，国家承担的许多社会服务和管理职能剥离，部分单位不断增加的社会化服务需求，大部分要由城市社区来承接，建立一个独立于企事业单位之外的社会保障体系和社会服务网络，就需要社区发挥主体作用。三是社会成员的生活方式发生了变化。随着人民群众生活水平的不断提高以及住房、医疗、养老、就业等各项制度改革的深入，城市居民和各类经济组织与所在社区的关系越来越密切，对社区服务的依赖性越来越大。只有搞好社区治理，推动社区服务业加快发展，才能使社区治理工作跟上改革开放和社会经济发展的步伐，才能满足群众不断提高的物质文化生活需要，所以社区建设和治理工作是经济社会发展对城市基层工作提出的必然要求。

（二）开展拉萨市社区治理工作是巩固党的执政基础和加强社会主义民主政治建设的需要

社区居委会不同于任何其他社会组织，是城市基层社会管理的主渠道，是国家政权的基石，其地位和作用十分重要。社区居民是我们党的基本群众和依靠力量，社区组织是党在城市基层工作的重要依托，这是我们做好城市各项工作的基础。在加强基层社区建设的过程中，要发挥好社区组织的作用，不断加强基层居民自治组织建设，完善基层民主的各项制度，保证居民充分行使民主权利。积极做好各项社区群众工作，就能进一步加快基层民主政治的发展，进一步密切党同人民群众的联系，把广大群众紧紧团结在党和政府的周围，推进改革开放和现代化建设就有了力量源泉和基础。

（三）开展拉萨市社区治理工作是提高西藏文明程度和繁荣基层文化生活的需要

加强社会主义精神文明建设，是构建社会主义和谐社会的重要内容。和谐社区建设要活跃基层文化生活，推进社会主义精神文明建设，只有紧紧抓住社区居民关心的热点、难点问题，有针对性地开展思想政治工作，并坚持把解决思想问题同解决实际问题结合起来，进一步密切党同人民群众的联系，广泛调动社区居民"构建和谐社区、共建美好家园"的积极性，引导居民群众积极参与社区建设和治理，不断更新现代生活观念，不断增强自我管理能力，不断提高科学文化素质和思想道德水平，才能有效促进基层文化建设持续发展，把社会主义精神文明建设的各项活动落到基层、落到实处。

（四）开展拉萨市社区治理工作是维护西藏社会稳定和长治久安的需要

目前，我国已经进入经济体制深刻变革，社会结构深刻变动，利益格局深刻调整，思想观念深刻变化的新的发展阶段，社会发展明显呈现出多样化和多元化的新特点，为维护社会稳定带来了新的挑战。西藏和平解放 60 多年来，西藏各族人民生活不断改善，广大农牧民群众衷心拥护党的路线方针政策，衷心拥护党的领导和社会主义制度，衷心拥护改革开放，这是维护社会稳定的群众基础。在我们管理城市和服务群众的实践中，社区的社会功能逐步得到了提升，社区的工作层面逐步得到了拓展，工作内容逐步得到了丰富。同

时还逐步具备了协调各方关系、凝聚各方力量的能力，这是
我党基层执政的基础。只有我们进一步把社区工作做深了、
做细了、做实了，把城市流动人口管理好了、服务好了，才
能最大限度地把各种矛盾化解在基层，把各种问题解决在基
层，才能在广大人民群众中筑起反对分裂、维护稳定的钢铁
长城，才能有效地抵御达赖分裂集团的渗透破坏，确保社会
局势的长治久安。

二 拉萨市开展社区治理工作的现实基础

（一）藏传佛教教义中的和谐、包容理念是拉萨市城关区城市社区建设和治理的重要思想基础

世界上任何一种伦理思想和观念都无一例外地发源于生
活，根植于现实，并随着生活与现实的变化而不断变化。藏
民族的伦理观念具有鲜明的宗教特征，这不仅与藏民族独特
的自然和社会环境有关，也与他们独特的信仰生活有关。佛
教传入西藏以后，对藏民族生活的影响日益加深，藏民族的
传统伦理观念逐渐宗教化，佛教戒律逐渐代替传统道德，成
为约束人们行为的主要规范。在几乎全民信仰佛教的西藏社
会，佛教戒律不仅仅是约束与管理僧尼的规章制度，而且几
乎是全民恪守的道德准则。藏传佛教作为西藏的主要宗教，
有着广泛的信众，因此对西藏社会有着深刻的影响。西藏构
建社会主义和谐社会，藏传佛教教义中的和谐理念是一个重
要的思想资源。

慈悲与和谐是藏传佛教教义中最突出的思想内容。佛教

教导人修炼身心，积德行善，最终达到一种完满的境界。佛教强调人与人之间互相亲近、互相尊重、彼此帮助、彼此信赖的关系。它提倡"人民和顺不相克伐""欢悦和谐犹如水乳""一切众生慈心相向，甚有爱念，皆悉和顺"的关系模式，认为"和合众生斗争，令得安隐"的功德超过尊敬法师的功德千万亿倍。佛教主张和谐，包容所有不同文化和新生事物，认为所有事物和现象都有其存在的理由和权利。藏传佛教提倡的"行善、慈悲、怜悯、正义、宽容、诚实、和谐、义务、利他、贡献、责任"等道德准则，其实也是普遍的社会公德和人类生活的共同准则，对于维护社会秩序的稳定，促进人际关系的和谐；对于缓和乃至消解社会矛盾，保护自然资源，维护生态的平衡，都具有不容忽视的积极作用。藏传佛教的教义和主张深刻影响了藏民族的民族性格，塑造了藏民族热爱和平、友善宽厚、豁达自由的性格特征。因此，在西藏构建社会主义和谐社会必须吸取藏传佛教戒律中的有益成分，积极引导藏传佛教信徒和普通民众从内心接受社会主义和谐理念。藏民族的传统伦理观念被佛教伦理观念有效吸收与改造后，形成了宗教戒律。

藏传佛教鼓励"乐善好施、慈悲忍让、诸恶莫作、诸善奉行"，无形中为人们提供了一条修身养性的良好途径。这种慈悲和利他精神与社会主义和谐社会的理念是存在内在契合性的，它并不与社会主义核心价值冲突。通过个人的修行来达到道德的至善，通过道德的至善达至人格的完整，这是一种调整人与人之间的关系，规范个人行为的至高要求。

社会主义和谐理念教育可以吸收藏传佛教戒律的有益内容，此时的佛教戒律就不再是束缚人、压抑人的机械教条了，而是塑造人、提升人的修身之道。佛教伦理的积极方面越发扬光大，其消极方面也就越受到限制。在藏民族上千年的历史发展中，藏传佛教逐渐形成并渗入藏民族生活的方方面面，成为藏族传统文化的核心部分。藏传佛教作为西藏文化的重要组成部分，具有道德功能、心灵抚慰功能、文化调适功能、社会整合功能，对调整人与自我、人与人、人与自然的关系有一定的价值。在西藏和谐社会建设过程中，应批判地继承历史悠久、影响深远的藏传佛教文化，充分发挥其维护祖国统一、民族团结和促进西藏社会稳定、经济发展的积极作用。

（二）中央政府治藏方略的巨大成就与西藏经济社会建设的巨大进步

新中国成立后，人民解放军挥师西进，1951年5月23日，中央人民政府和西藏地方政府签订了《关于和平解放西藏办法的协议》，和平解放了西藏，把帝国主义势力驱逐出了西藏，西藏重新回到祖国大家庭中来。西藏在民主改革前，仍然处于黑暗、残酷、野蛮、落后的政教合一的封建农奴制的统治之下，经济落后，政治残暴，民不聊生。占人口不到5%的僧俗农奴主控制着占人口95%以上的农奴和奴隶的人身自由和绝大多数生产资料，农奴主阶级通过森严的《十三法典》《十六法典》和断手、剁足、剜目、割耳、抽筋、割舌、投水等极为野蛮的刑罚，对农奴和奴隶进行残酷的经济剥削、政治压迫和精神控制，广大农奴和奴隶连生存权都得不到保障，更没有政治权利可言。旧西藏的广大"朗生"过着猪狗不如的贫贱生活，一条命的价值甚至抵不上一根草绳。农奴不仅被剥夺了政治权利，而且连受教育的权利也没有，农奴的辛勤劳动支撑着农奴主的奢侈无度的生活。1959年民主改革后，政教合一的封建农奴制被废除，数百万农奴获得了人身自由，在温暖的祖国大家庭中充分享受着当家做主的尊严和自豪。中国共产党在西藏执政的坚实社会基础就是在此时打下的，因为共产党时刻把西藏人民的切身利益放在心头，时刻想着为西藏各族人民谋福利。新的社会制度代替了人剥削人、人压迫人的封建农奴制度，新型的民族关系和人与人的关系建立起来了。西藏和平解放已经60多年了，在这60多年的光辉岁月中，西藏经历了翻天覆地的变化，一个欣欣向荣的社会主义新西藏巍然屹立在雪域高原。在中国共产党的领导下，西藏从封闭走向开放，从贫弱走向富强，西藏各族人民在中国特色社会主义共同理想的感召下，正昂首阔步迈向幸福的明天。在中国共产党的坚强领导下，在党中央和国务院的深切关怀下，在各兄弟省份的大力支援下，在西藏各族人民的不懈奋斗下，西藏的社会事业有了长足的进步。

教育方面：60多年前，西藏没有一所现代意义的学校和医院，占人口95%以上的农奴和奴隶根本不能上学。目前，已形成涵盖学前教育、义务教育、中等教育、高等教育、职业教育、特殊教育的现代民族教育体系。2010年，全区实现"普九",各级各类学校在校学生55.72万人,小学适龄儿童入学率99.2%,初中入学率98.2%,高中入学率60.1%,青壮年文盲率降至1.2%,人均受教育年限达到了7.3年;农牧民子女义务教育"三包"经费标准不断提高,小学生、初中生每人每学年分别达到1750元和1850元,边境县乡再相应增加100元;内地西藏班在校生总数2万余人;在内地12省市42所学校开办中职班,首批3000名学生顺利入学。

医疗卫生方面:和平解放前,西藏只有两所医疗机构,即拉萨的"门孜康"和药王山医学院利众院。作为一般藏族群众,生病只能听天由命,孕产妇和婴儿的死亡率很高。和平解放以来,国家一直对西藏农牧民实行特殊免费医疗政策,免费医疗补助标准逐年提高。目前,以免费医疗为基础,以政府投入为主导,家庭账户、大病统筹和医疗救助相结合的农牧区医疗制度全面建立。2010年各级财政对农牧民的免费医疗补助标准达到年人均180元。农牧民在校中小学生、僧尼、农牧民工、城镇居民均享受免费医疗政策。免费医疗最高支付限额达到人均收入的6倍。城乡公共医疗卫生服务体系不断完善,以免费医疗为基础的农牧区医疗制度和城镇居民基本医疗保险制度、公共医疗保险制度实现全覆盖,各族群众健康水平明显提高,人均预期寿命从和平解放前的35.5岁提高到2005年的67岁。

就业方面:"十一五"期间,西藏采取增加公共投入、加大政策扶持、广开就业门路、鼓励就业创业、开展就业培训等一系列措施，促进城乡劳动者整体素质的提高，实施积极的就业政策，有效保障了西藏各族劳动者公平就业和自主择业的权利。五年累计新增就业 10.1 万人，城镇登记失业率控制在 4.0% 以内，在农牧区劳动力转移就业累计 371 万人次。

社会保障方面："十一五"期间，西藏以全面实施职工基本养老保险制度、新型农村社会养老保险制度、城镇居民医疗保险制度、失业保险制度、工伤生育保险制度为标志，在全国率先建立了覆盖城乡居民的社会保险体系。截至"十一五"末，全区参加社会保险的总人数达到 166.23 万人，其中城镇职工基本养老保险 9.6 万人、城镇职工基本医疗保险 23.5 万人、城镇居民基本医疗保险 15.1 万人、失业保险 9 万人、工伤保险 8.6 万人、生育保险 14.7 万人、新农保 85.73 万人，累计兑现各种社会保险待遇 66.85 亿元。

胡锦涛同志在中央第五次西藏工作座谈会上指出，经过民主改革 50 多年特别是改革开放 30 多年来的不懈努力，西藏已经实现了基本小康，西藏的发展已经站在了新的历史起点上。中央第五次西藏工作座谈会确定了当前和今后一段时期西藏工作的主题，那就是推进西藏的跨越式发展和长治久安，必须解决好西藏的主要矛盾和特殊矛盾。主要矛盾就是人民日益增长的物质文化需要同落后的生产力之间的矛盾，特殊矛盾就是各族人民同以达赖集团为代表的分裂势力之间的矛盾。西藏的现代化建设本来就是在十分原始和落后的基础上起步的，还要不断应对分裂势力的干扰和破坏。这是西藏发展必须面对的区情。西藏已经站在新的历史起点上，能否处理好这两个矛盾，直接关系到西藏各族人民的利益，关系到社会主义制度在西藏的根基。因此，西藏社会建设和社会管理包括社区建设和治理工作的一项重要内容就是维护社会稳定。以社会事业的发展来维护社会稳定，以社会稳定来推动社会事业的发展，形成发展和稳定相互促进的良好局面，让西藏各族人民群众共享改革开放的成果就是西藏社会建设的目标。

（三）西藏社会各方面的差距是加强社会建设和社区治理必须正视的立足点

由于历史和自然条件的原因，西藏的社会建设事业仍然落后于内地其他省市。比如，卫生服务方面，卫生技术人员总量与全国平均水平相比就有较大的差距。2011 年，西藏每千人口卫生技术人员数为 3.46 名，全国平均为 4.15 名；西藏卫生人员人均服务面积达 99.18 平方公里，全国的平均水平为 1.22 平方公里，西藏卫生人员人均服务面积为全国水平的 81 倍。在教育方面，2010 年新增人均受教育年限达到了 7.3 年，而全国国民的人均受教育年限是 8.5 年，距离全国平均水平还有很大差距。第六次人口普查数据显示，自治区每 10 万人中具有大学文化程度的有 5507 人，比第五次人口普查增长了 3.3 倍，但全国平均水平是 8930 人。在就业方面，全区常住人口中，劳动年龄人口即 15～64 岁的人占了 70.53% 。这说明，西藏的劳动力资源丰富，为经济发展提供了强大的动力，但同时就业压力也相对较大。西藏社会建设领域存在的种种差距说明，西藏的社会建设水平仍然处在一个相对较低的阶段，中国特色、西藏特点的社会建设道路任重而道远。

西藏贯彻中央关于西藏工作的指导思想，必须紧紧围绕"一个中心、两件大事、四个确保（以经济建设为中心，紧紧抓住发展与稳定两件大事，确保经济社会跨越式发展，确保国家安全和西藏长治久安，确保各族人民物质文化生活水平不断提高，确保生态环境良好）"，坚持走有中国特色、西藏特点的发展路子，把保障和改善民生作为西藏经济社会发展的出发点和落脚点。要把更多财力投入到公共服务领域，落实到重大公益性项目，推进基本公共服务均等化，切实解决好人民群众最关心最直接最现实的利益问题。继续优先发展教育，让所有孩子都上得了、上得起、上得好学。加快发展卫生事业，让各族群众少得病、看得起病、看得好病。认真做好就业再就业工作，让各族群众就业有岗位、创业有门路、致富有盼头。不断完善覆盖城乡的社会保障体系，让各族群众衣食有着落、生活有来源、养老有保障。需要以更高的认识、更大的力度、更实的举措，着力破解社会管理难题，努力把社会管理提高到新的水平。中央的治藏方略是西藏社会建设的指针，西藏社会建设必须切实把中央的决策落到实处，进一步完善工作机制，落实项目规划，加强监督检查。

第四节　拉萨市社区治理工作的指导思想、工作目标和基本原则

一　拉萨市社区治理工作的指导思想

坚持以邓小平理论、"三个代表"重要思想和党的十八大以及西藏自治区八届四次全委会议精神为指导，深刻领会、积极贯彻习近平总书记"治国必治边、治边先稳藏"以及全国政协主席俞正声同志的"依法治藏、长期建藏"的重要思想，坚持以人为本，认真按照"民主法治、公平正义、诚实友爱、充满活力、安定有序、人与自然和谐相处"的要求，遵循"党委领导、政府负责、社会协同、公众参与"的基本工作方针，以服务群众为重点，以居民自治为方向，以维护稳定为基础，以文化活动为载体，以坚持和完善党的领导为前提，推进科学发展，促进社会和谐，努力把社区建设成为和谐西藏建设的坚实基础。

二　拉萨市社区治理的工作目标

从国际社会总体趋势以及我国社会的未来发展来看，社区治理的总体目标应该是发展社区自治，实现社区善治，实际上就是实现国家权力向社会的回归，这是一个还政于民的过程。社区自治体现了城市公共管理的善治，即有效性、参与性、透明公开性等。党的十六届四中全会从党的执政能力

建设、构建和谐社会的战略高度，提出了"加强社会建设与管理，推进社会管理体制改革"的要求，建立健全"党委领导、政府负责、社会协同、公众参与"的社区治理格局。社区管理主要是政府和社会组织为促进社会系统协调运行，依靠广大社区居民群众的力量，从社会的各个领域和社区建设与发展的各个环节入手，进行统一协调、服务、监控的过程。社区作为社会管理系统中最基层的组成因素，是各种社会组织的落脚点、各种权力的聚焦点和各种利益的交会点，属于社会的敏感地带，所以"加强社会建设和管理，推动社会管理体制改革"应首先从社区治理体制的改革创新突破，促进社会和谐发展。

按照党的十八大关于"改进政府提供公共服务方式，加强基层社会管理和服务体系建设，增强城乡社区服务功能，强化企事业单位、人民团体在社会管理和服务中的职责，引导社会组织健康有序发展，充分发挥群众参与社会管理的基础作用"的总体要求，借鉴国内外以及西藏自治区区内外社区建设、发展以及治理的先进经验，西藏社区建设和治理工作的目标为：理顺上下关系、构建网络体系、鼓励广泛参与、形成社会合力，营造和谐社区。即通过自上而下的政府改革，理顺社区治理体制，协调政府与社区之间的管理职责和权限，以完善社区功能为重点，通过推动条块结合、以块为主的改革，形成社区治理的网络化体系，鼓励社区中介组织、社区自治组织、辖区单位等社会组织共同参与社区建设和治理，形成党委和政府共同指导、社区依法自治、社会积极参与的社区治理体制新格局，促进社区建设和治理迈向新台阶，初步扩大基层民主，实现居民自治，提高居民的整体素质和整个社区的文明程度。这种社区治理体制的特点是政府指导功能与社区自治功能同步协调发展，治理体系纵横有机结合，坚持把以人为本、服务居民作为社区建设和治理的根本出发点和归宿，充分调动各级政府、各职能部门、各社会组织和广大社区居民等多方面主体的积极性。

　　在西藏社区建设和治理的总体目标框架下，结合拉萨市社会管理以及社区建设和治理工作的实际，制定了较为切实可行的工作目标，总的表述为：建设居民自治、管理有序、服务完善、治安良好、环境优美、文明祥和的和谐社区。这个目标的具体内涵为：民主自治，就是拉萨市社区各项民主制度健全、规范，各民族居民群众在基层经济、政治、文化和其他事务中切实能够当家做主，逐步形成各级党组织领导下的充满活力的社区居民自治机制；管理有序，就是拉萨市社区各种组织健全，职责明确，体制合理，民主协商机制、社会矛盾纠纷调处机制、共建机制健全，各民族家庭、不同人群和谐相处；服务完善，就是指拉萨市社区服务体系完善，服务设施齐全，服务项目完备，较好地满足社区居民多层次、多样化需求；治安良好，就是指拉萨市社区内群防群治网络健全，社区安全防范体系完善，社区秩序井然，居民群众安居乐业；环境优美，就是指拉萨市社区内建筑、绿化、垃圾分类、污水处理、能源利用等符合环保要求，社区居民普遍具有较强的公德意识、环保意识，人人养成节约、环保、卫生的良好习惯；文明祥和，就是要求拉萨市社区各族居民倡导文明科学的生活方式、邻里和睦相处、互敬互爱、守望相助，在全社会形成遵纪守法、崇尚科学、文明礼貌、尊老爱幼的良好风气。

三　拉萨市社区治理工作的基本原则

西藏自治区结合特殊的区情社情，在长期的社会管理和社区建设工作中，逐步形成了"以人为本，服务群众；围绕大局，着眼发展，有序改革，逐步推进；整合资源，共建共享，注重公平，相互兼顾；发扬民主，健全法制"的工作原则。具体的内涵可以诠释为以下四点。

1. 社区法治化

现代社区生活中包含着社会生活的方方面面，法治化、规范化是社区治理和建设体制正常运行的基础。要搞好西藏社区建设和治理工作，必须以法律为准绳，明确有关各方的权、责、利，保证社区工作的规范性、权威性，保持社区治理和建设工作的协调发展。国家、西藏地方各级政府等社区组织管理系统通过建立社区治理的法律、法规，依法对社区自治系统和生活服务系统实行宏观指导和监督，同时社区组织和居民也可以依法向上级政府提出建议和要求。在法治化的前提下，社会自治系统和生活服务系统做到有章可循、有法可依，社区居民的合法权利得到有效保障，社区居民的应尽义务得到切实履行。所以，法治化应该成为新型民族社区治理和建设体制中西藏各级政府行政组织对社区建设和治理活动进行指导监督的重要手段，是社区治理有序化的根本保证。

2. 社区社会化

社区究其本质而言，是城市居民自治性组织，因而社区治理和建设活动应该是居民自治活动，它体现着社区成员的意愿，反映着社区成员的需求，照顾社区成员的利益并最终依靠他们的力量。随着西藏社会主义市场经济体制的逐步建立和发展以及西藏社会管理体制机制转轨的日益推进，西藏社区管理社会化已经成为一种必然趋势。西藏地方各级政府组织不再是社区治理和建设的唯一主体，纯粹行政化的管理已经不再适应当前社区发展的要求。西藏社区建设和治理工作要积极鼓励社区中介组织、社区自治组织、辖区单位等各种性质的社会力量共同参与社区建设和治理，为社区居民提供多元化、社会化的服务和管理，而西藏各级政府转为主要行使规划、服务和宏观调控的职能。尤其还要鼓励社区居民的积极参与，培养社区居民的参与意识和参与能力，最终形成社会组织与社区建设和治理多方参与、通力合作的局面。

3. 社区协调化

中共中央曾指出：我们所要建设的社会主义和谐社会，应该是民主法治、公平正义、诚实友爱、充满活力、安定有序、人与自然和谐相处的社会。实现社会各方面利益的统筹协调和全社会的融洽相处，在社区发展方面要求完善城市居民自治，建设管理有序、文明祥和的新型社区，这是落实科学发展观、构建和谐社会、加大基层民主建设的基础和必然要求，是和谐社区建设的重要内容和发展方向。因此，西藏社区建设和治理要遵循协调化的原则，具体要求是：一方面，要保证社区治理和建设中多元主体之间的关系协调。推动西藏社区的社会化，把社区的中介组织、社区自治组织、辖区单位等各级各类社会组织引入社区治理和建设中来，要注重处理好上下左右的相互关系。从纵向上看，处理好西藏各级政府与社区之间的层级关系、幅度关系，尽可能做到减少层级、幅度合理、理顺关系。从横向上看，主要是处理好社区中介组织、社区自治组织、辖区单位等社会组织之间的关系，在区划上协调一致，实现社区建设和治理的区域整合。另一方面，保证西藏社区中组织结构与组织功能的协调发展。西藏社区是满足城镇各民族居民物质生活和精神生活需求的载体，是西藏社会发展的基本单元，"利民""便民""乐民"等多项功能与社区中相应的组织机构相对应，形成一个完整的"结构—功能"体系。西藏社区全方位的协调发展是社区建设和治理高效率的重要保证，是形成治理和建设合力的关键所在。

4. 社区人本化

社区治理的出发点和归宿点在于人和人的发展。社区建设和治理是一个以居民社会生活共同体为基点，推动区域社会全面进步的社会活动。它从根本说是为了满足人们多样化的、高质量的生活需要和全面发展。根据马斯洛的"人的需求理论"，人的发展包括三个层次，一是人的衣食住行等基本物质需求；二是人的身体素质、心理素质、文化素质以及思想道德素质的全面提高，在社区中表现为社会公德精神、奉献精神、互助精神等；三是人的潜能的充分发挥，其中的一个方面即人们的认识、理解、有意识的干预和规划现实世界变迁能力，表现在社区中就是人的参与和自我管理。构建社会主义和谐社会就是要全面理解社会发展与进步，注重人的需求，提高人的素质，这不仅是全社会普遍关注与追求的目标，也是进行社区改革、拓展社区功能的基本动因，是构建和谐社区的重要任务。西藏要构建新型的社区治理和建设体制机制，创建和谐社区、文明社区，必须坚持以人为本的科学发展观，切实体现全面提高各族人民群众的素质和生活质量的原则。

在以上西藏社区建设和治理的总原则指导下，根据拉萨市经济社会发展的状况以及社区建设和治理的特点，确定了以下社区建设和治理工作原则：一是坚持"以人为本、服务居民"的原则。以不断满足社区居民的社会需求、提高居民生活质量和文明程度为宗旨，做到"民需我做、民困我帮、民忧我解"。二是坚持"共驻共建、资源共享"的原则。充分调动党政机关、社会团体、企事业单位以及广大居民的力量广泛参与社区建设和治理，营造"社区是我家，建设靠大家"的良好氛围。同时，使社区内的单位和居民最大限度地共享社区资源，形成归属感和认同感。三是坚持"完善机制、有序管理"的原则。构建按照责、权、利一致的要求，着力改革城镇基层社会管理模式，完善"两级政府、三级管理、四级网格"的管理体制，明确社区居委会职能，理顺社区居委会、网格与政府及街道相互间的关系，实现有序管理。四是坚持"因地制宜、突出特色"的原则。立足社区居委会实际，积极探索，勇于创新，走出一条具有拉萨市首府城市特点的社区居委会建设的新路子。

第五节　拉萨市社区治理工作的现状、特点综述

一　拉萨市及城关区概况

拉萨位于西藏自治区中部稍偏东南，1960 年正式设市，现辖 7 县 1 区，即城关区、当雄县、堆龙德庆县、曲水县、墨竹工卡县、达孜县、尼木县和林周县，东西跨距 277 公里，南北跨距 202 公里，总面积 3 万平方公里，城区面积 54 平方公里。全市户籍人口 54 万人。其中，城镇户籍人口（非农业人口）24 万人，乡村户籍人口（农业人口）30 万人。有藏、汉、回等 30 多个民族，藏族及其他少数民族人口占 90% 以上。本报告中所指"拉萨流动人口"主要包括居住在拉萨却未将户口迁移到拉萨城关区的常住人口和短期流动人口，如探亲、旅游、度假、会议、出差、商业往来等"社会流动人口"或"公务型流动人口"。拉萨历来是西藏全区政治、经济、文化的中心和交通枢纽，也是藏传佛教圣地。作为西藏自治区首府，拉萨是一座具有 1300 多年历史

的古城，位于雅鲁藏布江支流拉萨河北岸，海拔3650多米。"拉萨"在藏语中为"圣地"或"佛地"之意，长期以来就是西藏政治、经济、文化、宗教的中心，金碧辉煌、雄伟壮丽的布达拉宫，是至高无上政教合一政权的象征。早在公元7世纪，松赞干布兼并邻近部落、统一西藏后，就从雅隆迁都逻些（即今拉萨），建立吐蕃王朝。1951年5月23日，西藏和平解放，拉萨城进入了新的时代。1960年，国务院正式批准拉萨为地级市，1982年又将其定为国家首批公布的24座历史文化名城之一。

拉萨市区地处海拔3650米的河谷冲积平原，是世界上海拔最高的城市之一。地势由东向西倾斜，气候属高原温带半干旱季风气候区，年日照时数3000小时以上，故有"日光城"的美称。年均降水量为200～510毫米，集中在9月份，多夜雨。最高气温30℃，最低气温 -17℃。太阳辐射强，空气稀薄，气温偏低，日温差较大，冬春寒冷干燥多风，年无霜期100～120天。

目前，按照"东延西扩、跨河（拉萨河）发展"的城市战略，拉萨城市面积正在不断扩张，东城区、柳梧新区和国家级经济技术开发区三个新区建设全面启动。青藏铁路于2006年全线贯通，2007年正式通车。拉萨城市和人口的规模必将进一步扩大。

城关区是拉萨市唯一的市辖区，位于东经91.06°，北纬29.3°的西藏中心地带的吉雪谷地上，地处雅鲁藏布江支流拉萨河中游河谷平原地区，地势南北高、中间低，行政区域东西跨距28公里，南北跨距31公里，总面积554平方公里，其中城区建成面积54平方公里，平均海拔高度为3658米。城关区是拉萨市唯一的城区，成立于1961年4月23日，区域内辖4个乡、8个街道办事处、40个居委会和28个村委会。四乡即蔡公堂乡、纳金乡、夺底乡、娘热乡；八办即八廓办事处、吉崩岗办事处、吉日办事处、冲赛康办事处、扎细办事处、公德林办事处、嘎玛贡桑办事处、两岛办事处。现居有藏、汉、回等30多个民族，总人口15万。另外，城关区内还聚集着中直单位、驻藏部队以及自治区、拉萨市的党政机关、企事业单位、社会团体等机构。城关区人口分布情况和社区居委会的基本情况分别见表3－1、表3－2和表3－3。

表3－1　城关区部分社区居委会基本情况统计

序号	社区居委会名称	是否有办公活动场所	办公活动场所修建时间	办公场所建筑面积（米²）	活动场所（社区服务站）建筑面积（米²）	辖区户数（户）	辖区人数（人）	社区居委会工作人员数（人）
1	八廓社区居委会	是	1996年	140	无	592	1293	7
2	鲁固社区居委会	是	1987年	417	198	892	2036	9
3	绕赛社区居委会	是	1983年	100	无	758	1878	7
4	白林社区居委会	是	2005年	413	无	696	1601	7
5	冲赛康社区居委会	是	2001年	437.12	175	926	2218	9

续表

序号	社区居委会名称	是否有办公活动场所	办公活动场所修建时间	办公场所建筑面积（米²）	活动场所（社区服务站）建筑面积（米²）	辖区户数（户）	辖区人数（人）	社区居委会工作人员数（人）
6	夏萨苏社区居委会	是	1989 年	1723	无	746	1812	7
7	丹杰林社区居委会	是	1989 年	186	无	602	1608	7
8	拉鲁社区居委会	是	2004 年	310	9419	714	2164	7
9	加措社区居委会	是	2005 年	650	无	119	390	6
10	八一社区居委会	是	2005 年	60	120	390	2460	7
11	幸福社区居委会	是	2005 年	130	120	780	2394	7
12	当巴社区居委会	是	1995 年	1392	812	582	1922	7
13	铁崩岗社区居委会	是	2000 年	1300	800	973	2557	7
14	吉日社区居委会	是	2005 年	233	无	568	1287	8
15	河坝林社区居委会	是	2003 年	1219	200	507	1338	8
16	八朗学社区居委会	是	2004 年	310.13	321.91	855	2269	8

续表

序号	社区居委会名称	是否有办公活动场所	办公活动场所修建时间	办公场所建筑面积（米²）	活动场所（社区服务站）建筑面积（米²）	辖区户数（户）	辖区人数（人）	社区居委会工作人员数（人）
17	热木其社区居委会	是	1998 年	150	无	681	1686	7
18	策门林社区居委会	是	2005 年	661.95	240	998	2380	7
19	吉崩岗社区居委会	是	1998 年	279.96	无	614	1377	7
20	木如社区居委会	是	1998 年	630	670.8	678	1480	5
21	雪社区居委会	是	2000 年	48	480	968	1774	11
22	雄嘎社区居委会	是	2000 年	350	无	320	1317	4
23	扎细社区居委会	是	2005 年	300	260	720	2160	7
24	新村社区居委会	是	2006 年	800	无	1078	4312	9
25	统建社区居委会	是	1998 年	362	120	72	128	7
26	嘎玛贡桑居委会	是	1997 年	610	1500	140	408	7
27	俄杰塘居委会	是	1998 年	508	无	18	61	5
28	纳金路北居委会	是	1997 年	400	400	34	103	7

资料来源：拉萨市城关区民政局提供。

表 3 - 2 2006 年城关区社区人口分布

单位：人

	合计	按民族分			
		汉族	藏族	回族	其他
纳　　金	4333	3	4330	0	0
蔡 公 堂	4681	1	4680	0	0
夺 底 乡	2304	0	2304	0	0
娘 热 乡	2295	0	2295	0	0
八　　廓	6800	25	6674	101	0
冲 赛 康	5638	8	5625	5	0
吉　　日	7451	8	6705	738	0
吉 崩 岗	8683	13	8646	20	4
公 德 林	1833	0	1830	3	0
扎　　细	350	0	350	0	0
嘎 玛 贡 桑	408	0	408	0	0
区直单位	2736	412	2324	0	0
合　　计	47512	470	46171	867	4

资料来源：拉萨市城关区 2006 年国民经济和社会发展统计年鉴。

表 3 - 3 2013 年城关区社区人口分布

单位：人

	合计	按民族分			
		汉族	藏族	回族	其他
八　　廓	13435	29	13373	12	21
吉　　日	8253	47	7444	736	26
吉 崩 岗	7992	25	7925	42	0
嘎 玛 贡 桑	1458	69	1339	36	14
公 德 林	5567	29	5442	84	12
金 珠 西 路	4982	68	4885	13	16

基于和谐社会建设的拉萨社区治理研究

续表

	合计	按民族分			
		汉族	藏族	回族	其他
扎 细	3927	81	3800	35	11
两 岛	3934	28	3838	68	0
娘 热 乡	10484	25	10411	39	9
夺 底 乡	6524	23	6476	12	13
纳 金 乡	4983	39	4923	21	0
蔡公堂乡	5167	6	5141	14	6
合 计	76706	469	74997	1112	128

资料来源：2013 年 4 月城关区民政局提供（未统计区直单位人口数）。

二 拉萨市社区建设与治理工作现状

根据西藏自治区《城市社区建设试点工作方案》的部署，西藏的社区建设和治理工作从 2004 年开始试点，拉萨市城关区及各地区地委、行署所在地的建制镇都选择条件比较好的社区进行试点，大胆开展基层社会管理组织改革。2005 年，各地市均初步打开局面，在总结各试点社区建设和治理工作经验的基础上，西藏部分有条件县政府所在地的镇也开展了此项工作。2006～2007 年，西藏广泛深入地开展社区建设和治理示范活动，建成一批示范区、街道和社区，全区城镇社区建设进一步上水平、上档次。2008 年全区城镇社区建设和治理工作大见成效，建成一批管理有序、服务完善、环境优美、治安良好、生活便利、人际关系和谐的具有西藏特色的新型现代社区。根据《西藏自治区人民政府专题会议纪要》〔（2009）92 号〕精神，拉萨市城关区雪居委会和当巴居委会定位为社区建设试点单位。2009 年，西藏自治区党委办公厅、政府办公厅相继出台了《关于进一步加强拉萨市社区建设的指导意见》（藏党办〔2009〕1 号）、《关于加强和改进城市社区工作的意见》（藏党办〔2009〕3 号）等规范性文件，要求各单位、各部门要在人力、物力、财力上给予拉萨市的社区建设和治理工作以大力关心和支持。2011 年 2 月，胡锦涛同志在中央举办的省部级主要干部社会管理及其创新专题研讨班上发表重要讲话，对加强和创新社会管理提出了新要求。根据这个要求，2012 年 6 月，拉萨市召开了"加强与创新社会管理专题研讨会"，与会领导和专家就拉萨市特别是城关区城镇社区的建设与治理以及城镇网格化管理问题提出了大量的咨询建议。拉萨市在社会经济取得全面发展的新形势下，首府城市拉萨特别是其唯一的市辖区城关区急需探索加强和创新社会管理的新路径、新方法，在城镇社区建设和治理改革方面要取得重大突破，为全区的城镇社区建设和治理工作提供一种可以借鉴的模式。

拉萨市作为西藏自治区首府城市，城市化程度最高、人口密度最大、人员流动最频繁、社情最复杂，全面加强拉萨市的基层基础工作和城市管理、社区建设和治理工作对于西藏的发展、改革、稳定有着十分重大的意义。长期以来，在拉萨市委、市政府的直接领导下，通过以藏族为主的各族群众艰苦奋斗和共同努力，拉萨市的城市建设和社区治理取得

了举世瞩目的巨大成就。目前，拉萨市共有社区居民委员会
40个、社区服务中心2所、服务站8个、社区服务设施34
个、社区服务网点28个。市区内驻有中直、区直、市直、
部队、企事业等300多家机构单位，常住人口已超过20万。
整个拉萨无论是城市规模、基础设施条件、人口数量还是各
族人民生活水平都发生了翻天覆地的变化，城市管理和经营
水平也已经达到了历史性的高度。各街道和社区在提高城市
管理水平，搞好社区服务，维护社会稳定，加强精神文明建
设等方面做了大量卓有成效的工作，在落实党和政府的各项
方针政策方面也发挥了不可替代的作用。具体表现在以下几
个方面。

（一）城市管理职能进一步加强，各部门齐抓共管，逐
步形成合力

拉萨市委、市政府历来高度重视社区建设和治理工作，
为了确保社区建设和治理工作安排得当、措施得力、工作落
实及时、各项工作能够得到组织保障，拉萨市及其唯一市辖
区城关区都及时成立了由市政府和区政府主要领导为组长和
29个市直单位以及城关区各职能部门主要负责人为成员的
拉萨市和城关区两级社区建设工作领导小组，负责统一安排
部署市、区的社区建设和治理工作。通过政府牵头、各部门
协同配合这一有效形式，拉萨市和城关区的社区建设和治理
工作得到了有力的组织领导和体制保证。具体做法如下。

拉萨市合理划分管理权限，科学调整布局，扎实推进社
区管理机构建设。按照便于管理、便于服务、便于自治、便

于资源利用以及适度控制人口规模、居民心理认同感和归属感等原则，合理调整街道行政区划。拉萨市对现有8个街道办事处、40个社区居委会、4个乡、12个村委会进行科学合理的调整划分，在新建住宅小区组建社区组织。进一步界定乡、街道辖区范围，使城市管理区域划分更加科学合理。明确了争议地段的管辖主体，在做好辖区划分的基础上，新成立了两岛街道办事处和7个社区居委会，对八廓、冲赛康两个街道办事处进行合并，新成立金珠西路街道办事处。拉萨市政府及时出台了《关于进一步加强拉萨市社区建设的指导意见》并组织实施，在4个乡、12个村委会采取同时挂街道办事处和社区居委会牌子的方式，初步向城市管理过渡，使城市管理和社区服务的意识不断得到强化。拉萨市政府还合理设置和布局城市管理机构，使城市管理行政资源不断得到优化配置和高效利用，基本实现了城市管理全覆盖、服务无盲区。

同时，拉萨市积极推进社区职能转变，进一步明确工作职能权限，逐步建立健全街道和社区管理体制。拉萨市委、市政府坚持从实际工作出发，注重街道和社区在城市管理中的基础性作用的充分发挥，积极推进街道管理体制改革，努力探索政府职能转变的方法和途径，进一步理顺领导和管理关系，科学划分领导和管理职权，努力构建政府依法行政、社区依法自治的互动机制。按照"两级政府、三级管理、四级网格"的管理架构和管理中心下移的原则，制定出台了《街道管理体制改革总方案》《关于进一步鼓励年轻优秀

干部到街道工作的意见》《环境卫生管理方式调整方案》
《关于进一步加强街道、社区党建工作的意见》《街道内设
各办公室及职责》《街道办事处经费管理方案》《街道行政
区域调整方案》7 个工作职责和子方案，搭建起了"五所一
办"的基层工作框架，在街道办事处设置了党政办公室、
综合治理办公室、社区治理办公室、就业和社会保障事务
所，统一制定了街道办事处各内设机构的职责，规范了街道
及社区的工作制度、工作流程和服务流程。同时，拉萨市按
照一乡（街道）一派出所、一村（社区）一警务室的要求，
将派出所和警务室与乡、街道的管辖相一致，警务室、警长
进入社区"两委"班子，形成工作合力，使街道办事处和
社区的职责更加清晰、城市管理和社区服务的功能更加完
善，实现了管理从"区属"向"区域"的观念转变，职责
向城市管理、社区建设、社区治安综合治理等重点工作转
变。目前，拉萨市已建立起了以社区党组织为领导核心，以
社区自治组织为责任主体，以社区群团组织、志愿者组织和
服务性民间组织为基础的社区组织网络体系。

**（二）思想宣传教育工作得到进一步加强，社区居民归
属意识和参与水平不断提高**

拉萨市城关区所辖各街道、社区紧紧围绕"贴近群众
需求、营造和谐社区"这个主题，在社区居民中大力倡导
"知我社区、爱我社区、奉献社区、为社区争光"的良好风
尚，为新形势下推进和谐文明社区的创建注入了新的活力。
目前，拉萨市城关区所辖社区共安装藏汉文字的宣传栏 317

个，阅报栏280个。通过运用各种宣传手段，各社区积极向广大居民开展形式多样的爱国主义、集体主义、社会主义荣辱观以及马克思主义"四观、两论"（祖国观、民族观、宗教观、文化观以及唯物论、无神论）教育。通过大力开展宣传教育工作，拉萨市社区居民深切了解到自身与社区的密切关系，了解到社区建设的目的、任务和意义，懂得了社区建设的最终目的是服务居民，进一步增强了参与意识和归属意识。"社区是我家，建设靠大家"的观念在社区中更加深入人心。

（三）大力开展社区建设和治理的法律制度建设，建立依法开展社区建设和治理的长效机制

拉萨市在充分总结社会管理特别是社区治理的经验教训的基础上，在创新社会治理中将社区的外控形式与内生形式有机结合起来，有效地解决了社区稳定和建设、发展问题。社区治理和控制两种形式的结合尤其是促进内生形式的形成，都需要强有力的法制保障。近年来，拉萨市通过健全与完善法制，依法治理社会，依法治理社区，大力养成民族社区文明进步的理念和力量，在社区内形成了巨大的向心力和凝聚力，减少了社区居民之间的摩擦与不和谐因素，减少了群众与政府之间的不协调因素，有效应对外部的干扰。拉萨市在依法治理社区方面主要完成的工作有：

1. 完善立法，使社区建设和治理创新工作做到有法可依

1984~2010年，经自治区人大批准的拉萨市人大共立法27部，其中废止9部。目前正在执行的18部地方性法规

中，涉及社区建设和治理的有 8 部，主要内容有城市绿化、卫生管理、城乡规划、城镇社区房地产管理、暂住人员管理、房屋租赁管理等。2012 年以来，自治区人大又批准了拉萨市人大的《拉萨市民族团结进步条例》《拉萨市老城区保护条例》，此外关于流动人口的管理条例等 48 个有关社会治理及社区管理的工作机制目前已经颁布实施。总体上看，1984~2012 年，拉萨市政府共制定颁发各类规章 52 件、规范性文件 32 件（其中藏文规章 7 件），涉及社区建设和治理方面的约有 1/2，内容包括社区管理的方方面面，如宗教场所管理、信访工作、房屋租赁管理、社会游散僧尼管理等社会管理和社区治理的重点领域。另外，拉萨市城关区所辖的各街道、社区还认真贯彻落实拉萨市制定颁布的《民族团结进步条例》，依法开展了民族团结进步的各项工作，通过民族团结有效地促进了社区建设和治理工作的创新。目前，拉萨市和城关区两级党委、政府正在认真贯彻落实自治区有关加强和创新社区管理的精神，将一些加强和创新社区治理机制尽快形成新的立法内容，为加强和创新社区建设和治理夯实新的法治基础和营造新的法治环境。

2. 宣传教育，为社区建设和治理创新工作营造良好的法治环境

拉萨市的宣传文化部门的各类媒体对社会管理及社区治理的法规和制度进行了广泛宣传，拉萨市人大、政法、司法部门也开展了形式多样的宣传和普及教育活动，使社区建设者、管理者和全体社会成员都能了解有关社区管理的法律、

法规和规范性文件内容，明确自身的权利、义务、应有行为以及相应的法律责任等，使其能够自觉地遵守和执行。同时，拉萨市负责法制宣传教育的有关部门把法制教育与正在进行的加强和创新社区建设和治理的探索结合起来，由法制宣传人员以及综合执法人员对社区管理主体和社区居民进行细致的教育，切实让他们知法、懂法、守法、用法。拉萨市开展法制宣传教育先行，不断提高所有社区居民的法律素质，进而提高整个社会的法治水平，为加强和创新社区治理创造了良好的法治环境。

3. 严格执法，确保依法开展加强和创新社区建设和治理工作

在加强和创新社区管理工作过程中，拉萨市各级机构基本做到了严格执法、依法行政。一是拉萨市政府在乡镇、街道、寺庙组建了综合执法队伍，整合派出所、警务室、警务站以及社区民警、治保人员的力量，在社区治理中严格执法、依法行政，把法律、规章及规范性文件内容执行到城市社区、乡镇社区以及单位社区中，逐步形成社区综合执法的新格局，为社区治理实现"大综治"目标奠定了坚实的法治基础。二是培训提高综合执法人员的法律素质。拉萨市政法部门制定了科学可行的培训规划，计划到2014年对所有综合执法人员进行一次轮训，使执法人员熟知有关社区治理的执法内容、执法规则和程序，强化他们的法律意识和执法意识，提高法律素质；同时，拉萨市各级执法机构积极开展作风建设，树形象、见行动，在广大社区居民中树立起了法

律权威，切实保证了社区治理的各项法规的执行。三是加强执法监督，努力建立行政权力的约束机制。拉萨市人大组织执法监督力量，通过执法检查、工作评议和专题询问等形式，加强对社区治理执法的监督，对政府的公权力进行有效的限制，努力做到"把权力放进制度的笼子里"，促进社区治理执法的良性运行，保证了社区治理执法收到良好效果。

4. 建章立制，依法规范社区自治工作

拉萨市始终把推进社区基层民主管理工作作为开展社区建设和治理工作的重中之重，切实抓紧抓好。按照行政推动和社会培育相融合、政府指导和社会参与相结合的原则，先后制定了社区居民代表会议制度、居委会工作细则、社区居民公约、居民自治章程等规章制度，使社区居民自治制度不断规范。通过把与居民利益有关的社区事务交给居民来讨论、决策这一途径，进一步畅通了社区居民参与社区治理的渠道，极大地激发了社区居民、驻区单位的参与意识和社区居民的自治意识，增强了社区居民的归属感、认同感，使各族居民群众自我管理社区的自治能力不断得到提高。

（四）不断强化党对基层社会的领导，积极推进社区基层党组织及基层政权建设工作

近年来，拉萨市各级党委始终坚持社区党组织作为社区各项工作的领导核心地位不动摇，努力构建社区党建工作的新格局。拉萨市党委按照"五个一"基层党建工作目标要求，不断加大基层干部建设力度，努力配齐配强社区党支部班子和社区管理班子，逐步建立起联系群众、宣传群众、组织群众、团结群众的工作机制，使社区建设和治理的组织基础不断得到夯实。首先，拉萨市委始终把社区党建作为基层党组织建设的重要组成部分，逐步完善"横向到边、纵向到底、上下贯通、资源整合"的组织体制和工作网络。市委按照条块结合、资源共享、分工协作的原则，依托社区党组织和工青妇等各种社会团体的力量，构建了一个全面覆盖、工作有力、切实为民办实事解难事的工作体系，有效解决了社区精神文明创建、贫困居民帮扶等问题。例如，拉萨市城关区当巴社区居委会在社区建设工作中，党支部就明确提出"党支部成员及党员每人帮扶一户困难户"的要求。近三年来，城关区当巴社区居委会党员先后为困难户、五保户和残疾人捐款达 16 万元，该社区居委会党支部还为 12 户有脱贫能力但无资金的贫困户争取无息贷款 34 万元，购买了 12 台拖拉机让他们搞运输。通过社区居委会党支部及社区居民党员的帮助，这些居民群众迅速成为社区脱贫致富的榜样；城关区雪社区居委会党支部为减少贫困家庭的经济负担，每年投资近万元开办了汉英语补习班、技术培训班、法律知识学习班来培训社区待业人员，从而提高他们的就业能力，增加了就业机会；城关区俄杰塘社区居委会党支部为丰富社区居民的业余文化生活，筹资建立社区文化站和党员活动室、图书室，还成立由 40 余名老年人组成的老年文艺演出队和老年体操队，极大地推动了社区精神文明创建工作。

同时，拉萨市还积极开展社区基层政权建设试点工作，努力探索社区组织建设的途径、步骤、形式和方法。现以拉萨市唯一的市辖区城关区为例来说明这项工作的开展情况。2011 年拉萨市城关区党委、政府扎实有效地开展了两委换届选举工作，将社区居委会换届选举工作纳入重要议事日程。从当年的 6 月初，城关区成立了第七届村（居）委员会换届选举工作领导小组，制定了选举工作方案，设立了12 个换届选举工作组，并落实了 30 多万元的选举经费。按照《西藏自治区村（居）民委员会选举办法》，依法登记选民，依法提名候选人，公开计票，当场公布选举结果。通过依法开展选举工作，把一批年富力强、身心健康、综合素质较高的大学生村干部、优秀下派干部、社区工作者选进了村（居）委会班子。2012 年，拉萨市城关区政府严格按照《西藏自治区居民委员会组织法》的相关规定，制定了《新成立 7 个社区居民委员会选举工作实施方案》，成立了专项工作小组，并按照方案的要求，组织专门人员开展实地调研，认真分析，周密部署，切实将选举工作作为一项民心工程来抓，创造性地开展了以下几个方面的工作：一是实地勘察新成立社区居委会的办公选址，拿出具体建设方案提交区长办公会；二是认真分析新成立社区"两委"班子成员的年龄、文化、民族等结构，提出具体人员名单提交区委组织部；三是召开新成立社区居委会选举动员大会，划分选举阶段和时限，周密部署选举各项事宜；四是大力宣传《中华人民共和国居民委员会组织法》和《西藏自治区关于〈中华人民共和国居民委员会组织法〉实施办法》，确保各族社区居民群众积极参与选举，通过采取各种措施，整个选举工作切实做到了扎实有效、保障有力、程序合法、结果有效；五是按照西藏自治区党委提出的"健全组织、配齐班子、配齐工作人员"的工作要求，进一步加强街道干部队伍建设。2013年，拉萨市城关区对92名基层干部进行调整，进一步充实了8个街道的领导工作力量。同时，为了加强城关区的基层工作力量，拉萨市委还专门挑选了6名副县级后备干部下派到城关区街道担任主要领导职务，还将3名清华大学优秀毕业生分配到街道工作。拉萨市城关区也采取选、派、调等多种方式强化社区"两委"班子建设，从各单位下派51名机关干部职工到社区居委会任职，安排了12名大学毕业生担任"村官"到社区工作，采取公开招聘、优先录取等方式向社会选拔了130名社区专职工作者从事社区管理工作，乡（街道）、村（社区）班子进一步配强，社区工作力量不断加强。2013年4月，拉萨市城关区圆满地完成了新成立7个社区"两委"班子成员选举工作。为了做好社区居委会干部及工作人员的人事管理工作，城关区建立了40个社区、12个村"两委"班子成员个人档案。目前，拉萨市城关区村（居）"两委"班子成员共有411人，其中下派干部和工人59人，村干部7人，下派干部中16人担任书记、14人担任主任，村（居）"两委"班子成员基本配齐。

另外，拉萨市委、市政府高度重视对各级从事基层政权建设和基层社会管理的干部以及广大社区干部的培训教育，积极引导他们学习法规政策、现代管理知识，提高综合素质，增强做好新形势下基层工作的能力。以拉萨市城关区为例，城关区政府 2008 年制定了《拉萨市城关区村（社区）"百名基层干部培训工程"实施意见》，确定社区基层干部一届三年之内全部轮训一次。2009 年，城关区先后派遣了 16 名街道党委书记和主管社区建设与管理工作的副主任赴北京市西城区挂职锻炼，社区党支部书记前往江苏考察学习现代社区建设和管理工作，组织 16 名村干部和民族宗教管理干部前往云南、四川考察、学习、培训。2011 年 6 月，城关区组织了 15 名社区党支部书记前往北京西城区考察学习社区建设和管理工作特别是城市网格化管理工作。

拉萨市各级党委、政府和相关职能机构积极落实街道办干部、社区工作者以及治保人员等基层工作者的工资待遇，千方百计地解决他们生活和工作中的实际困难，使他们能够全身心地投入社区建设和治理工作中。例如，拉萨市城关区将符合条件的村（居）干部、基层治保员、流动人口协管员全部纳入公益性岗位，目前共纳入公益性岗位人员为1098 人，自治区财政承担 60% 的工资，拉萨市城关区财政每年安排 820 万元承担其 40% 的工资。因超龄等原因未纳入公益性岗位的 181 个基层岗位，城关区参照公益性岗位的工资标准，从 2010 年 1 月开始按照 1350 元发放务工补贴。针对村（居）"两委"班子成员，区委、区政府出台了《离职、离岗村（居）基层干部发放生活补助的意见》，专门安排 60 万元用于发放离职、离岗村（居）干部生活补贴，有效地解决社区基层干部的后顾之忧。

（五）加强社区治安工作，努力维护社区稳定，为确保一方平安做出贡献

为了加强社区治安工作，努力实现社区和谐稳定，拉萨市以社区基层党支部为核心，坚持以社区各族居民群众自治组织为基础、群防群治为依靠的社区治安综合治理工作思路，切实发挥好社区作为社会稳定"第一道防线"的作用。首先，拉萨市通过实行建立一系列有效维护社区稳定的工作方法和机制，进一步完善了各社区群防群治工作体系，有效保障了社区居民的生命财产安全。现在拉萨市城关区所辖各社区居委会都组建了治安服务站，负责社区的社会治安综合治理。其中，当巴社区居委会还设计了"当巴社区居委会智能管理系统"，实现了对社区居民信息的自动化管理。其次，积极开展流动人口服务与管理工作，不断夯实社会稳定的基础。在西藏自治区党委、政府的高度重视下，拉萨市作为全区流动人口管理工作试点单位，率先在全区开展了流动人口服务与管理工作。陈全国书记等各级领导曾多次来拉萨市城关区检查指导流动人口服务与管理工作，拉萨市和城关区主要领导也经常下街道办事处和基层社区居委会蹲点指导工作。近年来，在拉萨市各县区及各直属部门的共同努力下，流动人口服务和管理工作卓有成效，主要开展了以下几方面的工作：一是统一思想，健全机构。拉萨"3·14"事件发生之后，市委、市政府高度重视并及时启动了流动人口服务与管理工作，多次召开基层组织建设工作会议，使全体街道、社区干部职工的思想进一步统一，充分认识到流动人口服务与管理工作是做好基层基础工作的根本，是维护社会稳定的最基础也是最重要的工作之一。为了加强组织和领导，拉萨市成立了以市长为组长，主管副市长以及公安局局长为副组长，各县区的县长、区长为主要成员的工作小组。同时，各街道办事处、社区居委会先后挂牌成立了社区流动人口服务与管理工作领导小组办公室和工作站，站长由社区居委会主任担任，辖区派出所民警和社区居委会治保主任担任副站长，并配备了一定数量的专职协管员以及电脑、复印机、打印机等相应的办公设备。二是严格签订目标责任书，进一步明确工作责任。为了明确流动人口服务和管理工作责任，使每一项工作都能落到实处，拉萨市进一步强化了对出租房租赁人员的监督和管理，以出租房管理为重点，开展了大量工作。以拉萨市城关区为例来总结这项工作。拉萨市城关区流动人口服务与管理工作领导小组办公室与各街道办事处、各街道办事处与各社区居委会均签订了目标责任书，社区流动人口服务与管理工作站同出租房主签订了综合责任书，出租房主也与承租人签订了房屋租赁协议书，层层签订责任书，层层落实责任，具体责任到单位、到部门、到住户、到个人。同时，拉萨市城关区政府还在广泛听取街道办事处和社区居委会负责人、成员以及社区居民、离退休干部和外来流动人口等各方面意见，制定了《关于强化流动人口服务与管理工作的实施意见》《租赁房屋与流动人口情况调查工作方案》等一系列制度、意见和工作方案。三是细化岗位责任，落实任务分解。拉萨市城关区各街道办事处都制定并上墙公布了《办事处流动人口服务与管理工作办公室人员示意栏和工作职责》《房屋出租人员职责》等八项流动人口管理规章制度以及《街道办事处流动人口和租赁房屋总示意图》和《社区流动人口和租赁房屋布局图》。这些规章及办事流程图的公布，不但简化和方便了流动人口办事手续，还可以通过布局图及时了解和掌握辖区内出租房屋和流动人口的变化情况。四是摸清底数，掌握情况。对房屋出租户强化日常监督管理，并建立工作台账，对每一个出租户分别进行编号、挂牌、登记、建册，重点对承租人员的基本情况进行详细登记建账，保留照片、身份证、户籍地、工作单位、从事行业、联系方式等基础信息。例如，八廓街道办事处自"3·14"事件发生之后，共组织辖区治保人员740人次、驻区武警官兵1530人次、派出所干警139人次，对辖区内四个社区外来人员居住密集区、重点出租大院开展了67次集中摸底排查。五是以房管人，实行动态管理。各社区通过建立流动人员登记台账和编码出租门牌，切实"以房管人"，做到了"四清"，即来路清、身份清、从业清、底数清。对造册登记的外来人员实行电脑微机化管理，把每一名流动人口的翔实资料和照片存入电脑，实现了"一机化"动态数据管理。对流动人口和租赁房屋实行了"五个一"管理制度，即一图：统一制作上墙公布了流动人口和租赁房屋总体布局图；一证：对外来流动人口统一办理《暂居证》；一牌：对现有出租房屋统一悬挂门牌标志；一档：建立健全了流动人口和租赁房屋一人一档的资料库，做到了人来登记，人走销号，全方位动态化管理；一书：街道办事处流动人口服务与管理工作办公室与社区管理工作站签订了责任书、社区流动站人口服务与管理工作站与出租房主签订了责任书、出租房主与房屋承租人签订了责任书。六是广泛宣传，动员社区居民群众参与。在工作中，拉萨市城关区重点突出了法制宣传教育，发放了《致全市市民的一封信》《法律知识读本》《拉萨市房屋租赁暂行管理办法》等宣传资料，组织召开出租房主宣传会议累计100余次，向广大社区居民群众和流动人口宣传有关政策法规，让大家共同参与到流动人口服务和管理工作中来。同时，拉萨市城关区各街道办事处和社区居委会还设置了流动人口服务和管理工作意见箱，及时了解和掌握流动人口对社区管理、房屋租赁等有关方面的意见和建议。通过各街道办事处和社区居委会的不懈努力以及卓有成效的工作，拉萨市城关区的流动人口服务与管理工作取得了四个方面的突出成绩：流动人口服务与管理工作机构和工作网络初步建立健全；流动人口与管理工作机制得到完善；流动人口集中摸底、登记工作进展顺利，基本做到了底数清、情况明；街区工作队伍得到补充和加强，基层组织干部和流动人口协管员与公安机关配合工作的合力形成。

（六）积极开展"六城同创"工作，努力打造现代化文明市区

根据"六城同创"（创建全国文明城市、国家卫生城市、国家环保模范城市、国际旅游城市、全国双拥模范城市、国家生态园林城市）工作的总体要求，拉萨市根据所辖各街道、社区自身的实际情况，及时与各街道办事处、社区居委会签订了目标责任书，进而开展了一系列"六城同创"的具体工作，取得了一定的成效。具体表现为以下几个方面：一是广泛宣传发动，使广大社区居民群众充分认识、深刻领会"六城同创"工作的重要性和现实意义。拉萨市城关区的各街道办事处及社区居委会召开各类宣传会议150余次，发放藏汉两种文字宣传单10万余份，第一时间内向各族社区居民群众、人户分离户和外来流动人员传达了市委、市政府关于"六城同创"工作的实施方案和具体要求，宣传覆盖面达到了85%以上。二是督促和推动各社区"六城同创"工作的开展。按照"六城同创"工作的总体部署，拉萨市"六城同创"各项工作进入攻坚阶段，并取得了阶段性的突破。目前，"六城同创"的宣传已做到了家喻户晓，人人皆知，全市人民都在行动，积极关心、支持和参与到"六城同创"的工作中。例如：嘎玛贡桑街道办事处所属的统建社区居委会严格按照有关部门的要求，广泛动员辖区居民，开展积极有效的社区绿化种植工作，并举办了社区首届花卉展活动，计有170多名群众参加，参展花卉品种达60多种，为美化市容和提高市民精神文化生活提供了良好的平台。部分社区由于各种客观条件的制约，虽然未能够在本社区范围内大规模地开展绿化种植工作，但社区居委会仍然积极动员辖区居民开展了庭院绿化工作，鼓励各家各户种植各类花卉盆栽。三是通过各种宣传手段，宣传教育辖区内居民、人户分离户和外来流动人员做遵法、守法和文明公民。拉萨市各街道办事处在辖区各主要路口、人员密集区上墙了《社区居民文明公约》，并悬挂了宣传教育指示牌，内容包括文明用语、安全生产、维护稳定和节能减排等，对提高社区居民的文明素养起到了潜移默化的作用，也为积极有效地营造社区良好的人居环境打下了坚实的基础。同时，拉萨市为了把"六城同创"工作做到家喻户晓、人人皆知，结合"反对分裂、维护稳定、促进发展"主题教育活动，把法制教育作为重点教育内容。四是认真开展环境卫生整治工作。拉萨市的各街道办事处、社区居委会把城市环境卫生工作作为开展"六城同创"工作的首要任务来抓，积极组织卫生监督员和社区卫生员坚持每日对主要路段、居民卫生区环境进行检查。通过深入有效的督促检查，确保了辖区内环境卫生美化工作的时效性和连续性。五是在拉萨市市区的餐馆、甜茶馆、商店等场所发放并张贴了《致全市市民的一封信》，要求餐馆和甜茶馆的卫生标准必须符合卫生防疫部门的有关标准。否则，如果卫生不达标，造成食物中毒而产生的后果将严肃追究相关责任人的责任。六是开展积极有效的军民共建活动。拉萨市城关区所辖的街道办事处、社区居委会高度重视与开展同本辖区内部队的友好共建工作。每年退伍军人欢送期间，城关区所辖各街道办事处均主动到共建单位向退伍军人送上具有民族特色的纪念品。另外，在"八一"建军节，社区文艺队还为驻地部队送上一台精彩的文艺节目，军民共建工作取得了良好的成效。

（七）加强城市社区公共服务设施建设，不断满足社区居民日益增长的物质文化需要

从 2000 年初到 2008 年 9 月，拉萨市和城关区两级财政先后投入 6812.75 万元进行社区公共服务基础设施建设，完成基础设施建设面积 1112.15 平方米。这些项目包括：2003年，西藏自治区民政厅投资兴建的 6 所星光老年之家（即星光计划项目）交接给拉萨市城关区使用和管理；2004 年，拉萨市在城关区兴建 8 个社区服务站并投入使用。这些社区项目的建成和使用，为拉萨市的社区建设和治理工作提供了坚实的物质保障，进一步满足了各族社区居民物质文化生活的需要。例如：城关区当巴居委会建设了面积达 300 多平方米的体育场，各种群众性健身器材全部由上级政府拨款购置；社区居委会还建有可供 800 余人参加会议的礼堂，居民可在礼堂参加各种学习活动和其他集体性活动；同时，拉萨市政府在 2008 年投资 106 万元建成了面积达 700 多平方米的园林式的老年活动中心，以及 100 平方米的阅览室，藏书4000 册左右，每周四居委会都要组织居民在图书阅览室看书、读报，开展理论知识学习活动。又如：城关区雪居委会建有大小两个礼堂，大礼堂主要用于举办一些大型活动以及每周一次的政治学习和形势教育活动，小礼堂主要是用来接待参观考察的外来人员；社区还建有一个设备先进的多功能图书阅览室，阅览室配有光碟、视频播放设备以及电子阅览设备等。再如：拉萨市城关区为热木其、河坝林、统建社区居委会老年活动中心配备器材设施，为木如、吉崩岗、铁崩岗、桑依、八一、团结新村、嘎玛贡桑等 22 个社区改善基础设施投入资金近 40 万元。另外，拉萨市城关区还积极争取上级业务部门专项资金 250 万元，用于公德林街道服务中心和铁崩岗、策门林两个社区服务站建设项目。

特别是自 2009 年以来，为加强基层基础社会工作，构建和谐平安社区，西藏自治区党委、政府领导先后 19 次深入拉萨市视察调研，做出了一系列重要指示，出台了许多配套政策，在人力、物力、财力上都给予了大力的支持和关心。西藏自治区党委办公厅、政府办公厅专门印发了藏党办〔2009〕1 号《关于进一步加强拉萨市社区建设的指导意见》和藏党办〔2009〕3 号《关于加强和改进城市社区工作的意见》后，自治区财政厅等相关部门也立即按照文件精神在资金方面出台了相关配套政策，先后为拉萨市城关区安排了 7560 万元专项资金，在城市管理和社区建设方面给予了极大的帮助和支持，使社区服务功能不断完善，社区管理的物质基础不断得到夯实。另外，拉萨市也把社区服务设施建设作为推进城市和谐社区建设的重要抓手，积极争取支持，加大投入，整合资源，多措并举，强力推进，使街道和社区的基础设施建设不断得到加强和改善。2009 年以来，拉萨市先后对公德林、扎细、八廓、嘎玛贡桑等 6 个街道办事处和绕赛、热木其等 16 个居委会的办公服务场所进行新建和改造，总投资达 7095 万元，其中争取自治区财政投资 4060 万元，争取自治区民政厅投资 710 万元，市级财政自筹 2325 万元。同时，拉萨市城关区按照每个街道 20 万元，每个社区 15 万元的标准配齐了办公设备和用品,共计投入 773 万元,其中争取自治区财政投入 560 万元。西藏自治区财政还专门安排了 700 万元用于流动人口信息化建设,2012 年年底已完成了前期可行性报告,项目已由发改委立项。拉萨市城关区还积极着力完善社区服务设施,本级财政投入 1086.15 万元,建设 4 个乡村文化活动室,2012 年拉萨市城关区又安排 250 万元完善了 4 个文化室的附属设施。

拉萨市不断健全投入保障机制,严格资金管理使用,使有限的经费主要用于解决社区建设的燃眉之急以及基层干部的后顾之忧,以确保社会管理的正常运行。拉萨市全面取消了街道办事处、社区居委会的招商引资及争取上级资金等任务,将街道办事处、社区居委会每年的运行经费列入财政预算。为此,西藏自治区专门安排 780 万元运行经费,为每个社区居委会每年安排专项运行经费 20 万元。同时,为了保证街道办事处拥有充足的办公经费,在公用经费不变的前提下,市级财政每年为每个街道办事处新增运行经费 10 万元,仅 2009 年拉萨市财政就专门为街道办事处安排了新增经费 120 万元。为了保证经费的合理使用,有效利用,杜绝乱开支,拉萨市专门制定出台了《拉萨市街道、社区居委会运行经费管理办法》和社区运行经费支出科目说明,建立事前审批制度,强化街道运行经费支出管理,并将社区的运行经费管理权限下放到街道,按照财务管理制度规定,实行财政总体控制、分级审批、报销审核、签字保障、统一管理。做到"三不变",即预算管理权不变、资金所有权和使用权不变、财务审批权不变。

（八）大力推进城镇网格化管理，社区管理模式和方法不断创新

在加强与创新社区建设和治理工作中，拉萨市积极吸收借鉴北京东城区网格化管理模式，转变社区治理理念，建立健全管理体制机制，制定并实施社区管理创新方案，通过网格化管理创新综合试点先行，逐步建立起具有西藏首府城市政治、经济、文化特色的社区治理体系，并进行整体推进。具体做法是：

1. 探索适合拉萨市社会管理特点的网格化管理模式

网格化管理的目的是整合社会组织资源，动态调用管理部门资源，提高社区建设和公共服务效率，通过完善社会服务实现社区治理。目前，拉萨市已经进入社会矛盾多发期和风险活跃期。针对既要改革开放、改善民生，又要反对分裂破坏、改善治安环境，同时还要面对宗教事务进行面上的管理等错综复杂情况，早在2011年年底，拉萨市委、市政府就开始着手加强和创新社会管理特别是社区治理工作，探索适合拉萨市城市社区治理实际的网格化管理模式，全面提高社区治理工作的科学化、规范化、制度化水平，推进拉萨市跨越式发展和长治久安，使拉萨市发挥好首府城市首位和引领示范作用。

2. 努力转变社会管理和社区建设理念

在加强和创新社会管理和社区建设工作中，拉萨市紧紧围绕法治政府建设，构筑法制化、规范化的行政管理体系，深入推进普法教育，实施司法救助制度，增强群众法

制意识和依法维权能力，大力发展社会公共事业，全面推进包括流动人口在内的社会服务保障。参与社会管理和城镇社区建设的各级政府职能部门，积极开展思想观念转变教育，逐渐将自我定位由"管理者"转变到为社会服务、为人民服务的"劳动者"。拉萨市司法机关和民政机关在加强和创新城镇社区社会管理中，建立健全司法机制和民政行政机制，将传统工作理念转变为服务多一些、管理少一些的工作理念，理解多一些、职责少一些的居民工作理念，监督多一些、抵触少一些的流动人员工作理念，对社区群众开展司法调解工作和民政救济工作，并对弱势群体实行法律援助和民政救助。

3. 试点先行整体推进

城关区八廓街道办事处、扎细街道办事处作为拉萨市城市社区社会管理和社区建设创新综合试点，旨在通过试点在全拉萨市率先建立起与社会主义市场经济体制相适应的具有拉萨本地政治、经济、文化特色的社会管理体系，起到示范引领作用，进而在全市整体推进。2012 年 3 月，作为街道办事处的先行试点，雄嘎居委会、夏萨苏居委会、鲁固居委会在城关区政府及街道办的指导下，开始探索具有各自社区特点的网格化管理模式并不断修改完善。从整体看，试点居委会均遵循社会管理工作网格划分的"完整性、便利性、均衡性、差异性"原则，综合考虑辖区内整体情况，将网格划分为五个类型，根据对网格内部件、事件进行分级管理，即日常管理、重点管理和综合治理。目前，这三个居委会已初步探索出了具有各自特点的网格化管理模式。

网格化管理模式是拉萨市对城镇社区建设和治理的一种新的尝试，也是今后社区治理模式的基础内容。目前由居委会、便民警务站、宗教场所、单位组织、社区警务五张网格形成的具有本地特点的复合式网格化管理模式已基本成型。以上五个网格构成拉萨市城关区城市网格，五个网格"我中有你、你中有我"，相互交叉，相互配合，构成了有别于其他省市的复合式城镇网格化管理模式。

（九）多措并举，确保"双联户"工作顺利开展、取得实效

拉萨市在加强和创新社会管理过程中，在不断丰富、细化、完善城镇网格化、农牧区扁平化、寺庙精细化服务的基础上，审时度势，及时推出了"联户平安、联户增收"的新型社区治理和社区工作模式。这一模式不仅实现了群众利益相连、共促和谐、共同致富，而且使城镇网格化管理、寺庙精细化管理的触角得到有效延伸和拓展，进一步打牢了社会和谐稳定的基层基础。自"双联户"工作开展以来，拉萨市通过上下共同努力，已初步构建了纵向覆盖城关区、乡（街道）、村（社区）、网格、联户单位，横向遍及各职能部门、行业、团体、企事业单位的工作模式。形成了以党委、政府深入发动，基层群众广泛参与，以服务为先、寓管理于服务之中的工作格局，初步形成了网格化社会服务"管理人人参与、社会建设成果人人共享"的良好局面。具体的做法在于以下几个方面：

1. 完善机制和体制，加大宣传工作力度

自开展"双联户"工作以来，拉萨市进一步健全完善了"双联户"工作机制、联户代表职责，制定了"双联户"公约并进行了上墙。同时，拉萨市城关区所辖各街道办事处及社区居委会也不断加大了"双联户"工作的宣传力度，开展了形式多样的宣传活动，包括悬挂宣传横幅 80 余条、发放宣传手册 4500 余本、制作联户代表连心卡 4500 余份，提高了社区各族居民群众对"双联户"工作的知晓率。

2. 统一"双联户"公示图，规范联户代表工作流程

拉萨市城关区为每个村、社区制作了样式统一的村、社区维稳责任片区图和"双联户"工作示意图，累计为居民大院及物业小区制作了"双联户"联户代表公示图共计 2600 余个，进一步规范了"双联户"工作流程和工作方法。

3. 先试点后覆盖，循序渐进地开展建设工作

为顺利推进老城区摊位搬迁及古建大院修缮工程，拉萨市按照"一个不聚集、一个不上访、一个不歇业、一个不失业"的工作要求，在老城区摊位搬迁、古建大院搬迁等工作中尝试一名干部包五户、五个摊位联保的模式，顺利推进了摊位及古建大院搬迁工作，确保了社会局面的稳定。在老城区摊位搬迁工作经验的基础上，拉萨市选定了鲁固社区、木如社区、加措社区、洛欧村等作为试点社区（村），先行开展"双联户"工作，取得了初步成效后，拉萨市组织召开了"双联户"工作推进大会，全面部署"双联户"工作，确保在拉萨市范围内顺利开展。目前，

拉萨市已初步构建了"区—乡、街道—维稳责任大片区—村、社区—网格—维稳责任小片区—双联户"的网格化社会服务七级服务管理体系,进一步细化了社区工作单元,延伸了工作触角,灵通了各种信息,提高了服务管理的针对性和时效性。

4. 落实待遇,提高工作积极性

按照拉萨市委相关文件精神,为提高"双联户"联户代表的工作积极性,同时在一定程度上解决他们在生活和工作上的困难,拉萨市自 2013 年 3 月 1 日开始每月向所有联户代表发放生活补助和误工补助,截至当月共为 3830 名专职联户代表发放 38.3 万元。

5. 优化网格化信息系统,为"双联户"工作搭建信息化平台

"双联户"工作是网格化社会服务管理工作的延伸和细化,为使"双联户"工作更加完善、规范并实现信息化,拉萨市已投入 100 余万元将"双联户"工作植入网格化社会服务管理信息系统。截至目前,拉萨市已投入"双联户"资金 300 余万元,为"双联户"管理信息系统建设提供了充足的物质保障。

(十) 以"拉萨市寺庙档案数据管理系统"为依托,努力提升寺庙社区管理信息化水平

寺庙社区是拉萨市乡镇社区的重要组成部分,加强和创新寺庙管理是实现西藏经济社会跨越式发展和长治久安的一项重要的基础性工作。2011 年以来,西藏自治区党委、政

府全面落实加强和创新寺庙管理工作，大力推进全区寺庙管理长效机制建设，切实维护藏传佛教正常秩序，积极引导藏传佛教与社会主义社会相适应，在寺庙管理工作中进一步落实寺庙僧尼社保、医保及低保全覆盖。同时，在寺庙中广泛开展"六个一"（即交一个朋友、开展一次家访、办一件实事、建一套档案、畅通一条渠道、形成一套机制），大力推进"九有"工程建设（即有四位领袖像、有国旗、有道路、有水、有电、有广播电视、有电影、有书屋、有《人民日报》和《西藏日报》）等工作，积极创建和谐模范寺庙，有效促进了全区寺庙和谐稳定。

目前，拉萨市市情和寺庙社区的情况都在发生着深刻的变化，新的情况、新的变化对拉萨市寺庙社区的管理办法、管理手段提出了新的要求。传统的寺庙管理方法现已暴露出许多薄弱环节，如何加强和创新寺庙社区管理，是拉萨市委、市政府在社会管理过程中面临的一项重大课题。为了实现拉萨市寺庙社区管理的现代化，2011 年年底，拉萨市政府、拉萨市宗教工作领导小组办公室、城关区政府和西藏大学开始联合研发"拉萨市寺庙档案数据库管理系统"。开展此项工作，就是期望利用现代信息技术手段，为寺庙社区的科学管理、僧尼的正常工作提供积极有效的信息服务，让管理人员从日常琐碎的事物中解脱出来，将更多的精力用于寺庙社区管理的数据收集、监测分析、信息研判和决策思考等方面，有效实现寺庙社区管理的高效性、便捷性和数据的统一性，不断提高寺庙社区的集成化水平。

"拉萨市寺庙档案数据库管理系统"是拉萨市委、市政府在城镇网格化管理的基础上，紧紧围绕创新寺庙社区管理、维护寺庙稳定等工作要求，大胆进行管理机制变革和流程再造，构建起了一套较为完整的寺庙管理信息库，实现了寺庙信息的数字化整合，具备了寺庙信息集成、动态监督、绩效评价和决策支持等功能，体现了科学、简便、安全、实用的研发思路，其设计理念和实践应用走在了全区寺庙管理工作的前列。另外，该系统是多终端用户管理系统，由拉萨市宗教工作领导小组、拉萨市民族宗教事务局、拉萨市所属各寺庙管理委员会三级管理模式组成，包括寺庙管理、僧尼管理、组织管理、干部管理、"六个一"活动管理、"九 + 五"工程管理、"六建"管理、统计分析、系统管理、安全管理等管理模块，采用了应用层、业务逻辑层和数据访问层三层数据架构模型，开发设计使用了当前最高效、最先进的语言工具，后台数据库使用了微软最新数据库系统，具备数据添加、编辑、删除、修改、查询、报表、打印、统计分析、维护、导入、导出、备份、恢复等多项功能。其中，"寺庙管理"包括寺庙"基本信息""个人信息""评价信息""表现信息""家庭信息"和"其他信息"。"干部管理"包括干部的"基本信息"、与僧人的"交往信息""家访信息""建档信息"和"六个一"活动信息。"安全管理"包括"超级账户"和"普通账户"，"超级账户"即拉萨市宗教工作领导小组，"普通账户"即拉萨市所属各寺庙管理委员会。通过这个系统的建立，有效解决了各级管理机构在寺庙管理过程中职能定位不清的问题，保证了各层面的管理服务职能在相应层级中的充分发挥。"系统维护"包括"数据管理"和"数据维护"，方便地实现了数据"备份还原""导入导出"以及数据的"统计""查询""打印"。

"拉萨市寺庙档案数据库管理信息系统"的研发和应用，是拉萨市委、市政府不断更新寺庙管理理念和管理方式，在加强和创新寺庙管理方式过程中进行的积极探索，也是西藏高校利用人才技术优势服务西藏经济社会发展的具体体现。这套系统的研发与应用对于创新拉萨市寺庙社区管理以及提高社会管理信息化水平具有十分重要的意义，具体表现为：一是反映了党和政府在寺庙民生工程的进展情况。为了使拉萨市所属寺庙僧尼进一步感受到党和政府的关怀，引导广大僧尼和信教群众自觉拥护中国共产党的领导，切实增强维护祖国统一、民族团结和社会稳定的责任感，拉萨市委、市政府在全区寺庙"九有"工程建设的基础上，又增加了五项内容（即在20人以上的寺庙增加五项工作：修建一个食堂、一个澡堂、一个垃圾池、一栋温室，培养培训一名卫生员）。拉萨市所属寺庙的"九+五"工程建设，进一步改善了寺庙的文化生活环境，解决了寺庙通水、通电、通路等问题，大大提高了僧尼的生活质量，增强了广大僧尼作为国家公民的归属感、荣誉感和责任感。该系统全面反映了这些工作的实施情况，有力地推进了寺庙社区基础设施建设工作的开展，使广大僧尼的生活质量和水平不断得到提高。二是反映了寺庙不同人员的基本信息。加强和创新寺庙社区管理工作，关键取决于人。只要抓住了广大僧尼的活动规律，加强和创新寺庙社区管理这一问题就不难解决，就能有效维护好广大僧尼的根本利益，确保寺庙的持续和谐稳定。该系统全面收集了拉萨市所属寺庙每一个僧尼的基本信息和活动情况，为加强和改善僧尼的管理服务工作提供了可靠的数据信息。三是实现了寺庙基层组织管理服务的创新。加强和创新寺庙社区管理，必须始终坚持党的领导，在寺庙管理过程中，完善拉萨市所属各寺庙管理委员会党的基层组织建设，是构建和谐寺庙社区不可缺少的重要组成部分。要加强和创新寺庙社区管理，就是要按照坚持培育发展与监督管理并重，提升功能与发挥作用并举的思路，切实加强各寺庙管理委员会的基层组织建设，完善以注册、登记、审批、监督、管理、服务为主要内容的寺庙组织管理服务体系，有针对性地开展好各项工作是该系统的另一个重要特点。四是实现了干部与僧尼双向沟通，促进了寺庙管理委员会管理水平的提高。在加强和创新寺庙社区管理过程中，大力开展了"六建"工作（即建管理机构、建党组织、建领导班子、建干部队伍、建管理职能、建管理机制）、"六个一"活动和"九＋五"工程建设，这些工作都是为了改善寺庙僧尼的生活条件而实施的。其中，加强寺庙管理委员会与广大僧尼的沟通，是确保这些工作取得成效的重要前提。该系统全面反映了住寺干部与广大僧尼的沟通情况，清楚地掌握了每一位住寺干部的工作状态，为科学地评价和督促寺庙管理委员会的工作提供了可靠依据。

三 拉萨市社区建设和治理工作的特点

拉萨市社区建设和治理工作是在西藏各族人民努力实现经济跨越式发展、社会长治久安的大背景下，全国兴起社区建设和治理模式改革的热潮中进行的。除了具有与内地城市共性的特征之外，还具有诸如市场经济发育程度低、经济总量小、政府财政困难、城市化与工业化进程缓慢等与内地城市不同的特点和特色，集中表现在以下几个方面。

（一）社区宗教因素突出，民族问题仍然存在

在拉萨市市区的 8 个街道办事处 40 个社区中，藏族居民占 97%，回族占 2.78%，汉族人口数量相对较少。藏族和回族都是民族认同和宗教意识相当强烈的两大民族，本民族的文化背景以及宗教仪轨和戒律对他们的政治生活、经济生活等均起着至关重要的作用，他们的政治态度、生活态度、道德意识以及解决冲突的方式皆来源于民族心理、民族习惯和宗教因素的影响。所以，在这样的条件下，开展社区建设和治理工作，不得不考虑到民族宗教因素的直接影响，以及受这些因素制约之下的城市社区建设和治理所必须采取的特殊方式。拉萨市社区建设和治理工作的开展不同于内地城市，在社区治理体制的建立、治理模式的选择、社区公民自治以及社区服务范围的拓展等方面既要避免宗教的消极影响，又要引导宗教向积极服务社区治理方面发展。这既是拉萨市社区建设和治理的特殊之处，也是创新拉萨市社区建设和治理的切入点和突破口。

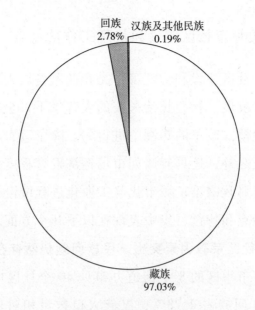

图 3 – 1　拉萨市城关区社区居民民族结构

统计数据截至 2011 年 12 月。

（二）城市社区是反分裂斗争的前沿阵地，担负着维护稳定的重要使命

由于历史、社会、地理等方面的原因，西藏经济基础薄弱，发展落后于全国其他地区，是中国社会主义制度的薄弱环节；西藏地广人稀，交通不便，远离内地，是国家安全方面的薄弱环节，也是国家重要的安全屏障；民族、宗教方面的特殊性，又是国家统一、民族团结方面的重要的影响因素。达赖集团在国际反华势力的支持下分裂活动不断升级，成为影响西藏社会局势稳定的主要因素。因此，西藏反分裂斗争的形势依然尖锐复杂，主要表现在：一是国际敌对势力把西藏作为西化、分化中国突破口的政治意图没有改变，根

本目的是想搞乱西藏，进而推翻中国共产党在西藏的领导地位以及社会主义制度在西藏的实施，妄图改变西藏的颜色、地位和中国版图；二是达赖集团加紧向境内渗透，企图把分裂活动重心转入境内，并且加紧与"台独""东突""民运""法轮功"勾连，企图联手建立分裂祖国的"大同盟"；三是由于特殊的历史和地理环境因素，宗教的影响根深蒂固，不可能一朝一夕就能改变；四是随着西藏自治区对内对外开放的不断扩大和社会主义市场经济的发展，人们的思想观念和社会心理有了新的变化，各种不稳定因素还大量存在。拉萨市作为一个多民族聚居且宗教因素突出的边疆首府城市，许多社会矛盾、民族问题和宗教冲突都沉淀于基层社区，平安时期从表面上看大家都相安无事，一旦矛盾爆发，分裂分子和敌对分子就纷纷从基层城镇社区里涌出来，严重影响社会的稳定和人民群众的生命财产安全。以拉萨"3·14"打砸抢烧严重暴力事件为例，大多数犯罪分子都是隐藏在各个社区里面，这就给城镇社区的建设和治理工作带来了严峻的考验。况且，拉萨市所辖街道和社区内宗教寺庙繁多，社区居民中信教群众占有相当的比例，宗教教义和宗教仪轨对社区居民的生产生活仍然产生着一定的影响。所以，拉萨市社区是社会矛盾的汇聚地，也是西藏反分裂斗争的前沿阵地，搞好拉萨市社区建设和治理工作具有非常重大的现实意义。

（三）城市社区治理模式以政府为主导，工作力度主要靠外部推动

拉萨市委、市政府以及城关区区委、区政府一直把社区

治理工作作为在新形势下深化社会管理改革、建设和谐社会的关键和切入点来抓，各级政府投入了大量的人力、物力和财力来开展城市社区的建设和管理工作，在拉萨市的社会管理和社区建设工作中起到了主导和推动作用。首先，把城市社区治理明确为"一把手"工程，各级政府高度重视，不断加大人财物的投入力度，确保社区各项工作的顺利开展。例如：拉萨市委、市政府主要领导对所辖社区建设和治理工作进行了分工包片（街、居），深入一线，具体指导，现场指挥，做了大量富有实效的工作。2004 年，拉萨市和城关区两级城市社区建设工作领导小组成立，分别由本级党委主要领导挂帅，负责本级社区建设和治理的领导工作和日常工作。其次，加强社区治理的建章立制工作，使社区治理工作做到有章可循、有法可依。拉萨市委、市政府根据中办发〔2000〕23 号文件精神和拉萨市的城市社区治理工作的实际，制定颁布了《中共拉萨市委、拉萨市人民政府关于全面推进城市社区建设的意见》和《中共拉萨市委、拉萨市人民政府关于大力开展社区建设示范活动的实施意见》等规范性文件，对拉萨市的社区建设和治理工作做出了周密的部署和合理的规划，对社区治理和建设工作的指导思想、总体目标、具体任务、实施步骤、验收程序及标准都做了详细规定。

（四）城市社区经济发展不平衡，治理成本相对较高

拉萨市城市社区的区域和行政划分原则上定位于居委会，以原城区居委会为基础，按照"便于管理、尊重事实、

扶贫扶弱、凸显社区"的原则,对原居委会进行了适当调整合并,这种划分的原则和办法主要是为了尊重历史和现实的状况,是十分必要的。但是,在调整的过程中也产生了两个问题:一是社区规模大小不一。根据拉萨市当时的市区人口规模和城区面积,在划分社区时一般掌握在 3000~5000人,由于城中村社区和单位型社区保留了原有规模,所以出现了大小不同的社区,而且差距相当大。二是城市社区的经济发展不均衡。在重新调整和划分社区时,重点考虑了社区的经济状况,但由于城中村和单位之间的差距,新建社区经济总量不平衡,存在一定的差距。拉萨市这样划分和确定城市社区规模的区划,适应了中小城市社区组织程度较低、社区交往半径小、社会生活相对简单以及城中村社区和单位型社区原住民存有的共同利益等特点,有利于社区认同和社区文化的培植。但是,由于社区建设的规模相对较小,规模效益难以形成,无形中增加了社区建设和治理的成本。

(五)城市社区治理的重点在于服务,治理的落脚点在于社会稳定

由于拉萨市市区发展规模较小,城市经济相对落后,城市化进程相对缓慢,在开展城市社区建设和治理初期的侧重点主要放在社区服务、社区环境治理和社区治安与公共危机管理三个方面。面对市场经济体制的逐步建立,"单位体制"逐渐衰退,"单位人"逐步向"社会人"转化,迫切要求城市基层社区发挥黏合、服务和管理功能,切实提供高质量的社区便民利民服务。在这个基础上,为了保障社区居民拥有高质量的健康的生活，拉萨市各级部门和机构必须加大社区硬件建设力度，美化社区景色，为社区居民提供良好的人居环境。值得提出的是，针对西藏特别是其首府城市拉萨市的特殊形势，加强城市社区治安和公共危机管理，是保障社区政治安定、经济发展、严厉打击达赖集团的分裂活动、维护基层社会稳定的需要。因此，拉萨市城市社区治理的首要任务，也是基础性的工作，就是搞好社区服务、美化社区环境以及强化社区治安和公共危机管理。也就是说，拉萨市的城市社区建设和治理工作还处在初期阶段，城市社区治理还没有触及深层次的管理体制改革、机制创新等问题，离实现社区居民自治、社区走向"善治"的目标仍有一段距离。

第四章　拉萨市社区治理工作
所取得的成就与经验

第一节　拉萨市社区治理工作
所取得的主要成就

通过不断创新工作体制机制，不断改进工作的方式方法，拉萨市城市社区建设和治理工作得到了快速发展，取得了一系列优异成绩，多次受到国家、自治区的表彰。例如：拉萨市城关区被民政部命名为"全国社区建设示范区"，城关区当巴社区居委会被中央文明办、民政部授予"全国文明社区示范点"，城关区雪居委会先后被中央、自治区党委、拉萨市委评为"全国社会治安综合治理先进单位""民族团结先进居委会""文明城镇建设示范点""文明社区居委会""全国创建文明小区工作先进单位"。拉萨市城市社区建设和治理所取得的成绩与经验主要包括以下几个方面。

一 城市社区治理组织体系基本健全

近年来，社会各界对城市社区建设和治理工作重要性的认识逐步提高，财政投入的力度也不断加大，形成了党委、政府高度重视，人民群众广泛参与、社会各界大力支持的社区工作格局。拉萨 "3·14" 事件发生以后，拉萨市委、市政府充分认识到搞好社区建设和治理工作的重要性，把社区工作作为促进社会稳定和经济发展的大事来抓实抓牢。拉萨市先后开展了两次社区组织机构和干部调整。2008 年村（居）委会换届选举中增设了 4 个居委会，2009 年成立了 "两岛街道办事处" 和所辖 2 个居委会。同时，通过居民民主选举，各居委会还产生了社区成员代表大会、社区居民委员会等社区群众性自治组织，为社区居民自治奠定了组织基础；各社区还组建了工、青、妇、残和计生等社区群团组织，密切了社区同居民群众的联系；培育和发展了社区老年人文艺队、治安巡逻队等社区公益服务组织和社区志愿者队伍，成为社区治理与服务的一支重要力量。

二 城市社区基础设施逐步完善

拉萨市着眼于大力完善社区治理与服务功能，各社区采取新建、改建、置换、购买等多种形式，使现有的 40 个社区和 12 个村委会基本完成了基础设施的新建和改扩建工作，建设总面积达 11121.5 平方米。社区居委会普遍配备了电话、电脑、打印机、复印机等办公设备，已有 10 个社区建立了社区党员干部现代远程网络教育终端站点，社区办公条件得到大的改善。另外，部分社区居委会还完成了社区警务室建设，配备了警务人员，添置了警务设备，基本构建起城市基层社会治安群防群治组织体系。同时，拉萨市还十分重视社区文化、体育设施建设，斥资建设了16条社区健身路径、44个社区图书室、76个社区宣传栏、13个社区文艺活动场所，通过改善社区文体设施条件，使社区的文化体育活动如火如荼地开展起来。例如：每逢"五一""七一""十一"等节假日一般都要举行红色歌曲演唱会，讴歌中国共产党、讴歌社会主义制度、讴歌民族团结；在藏历新年、春节、三八妇女节、八一建军节等节日还要举行军民联欢活动和慰问演出活动等；同时还成立了业余文艺演出队，为广大社区居民义务演出，使社区文化不断得到繁荣和发展。各社区还经常组织群众性体育活动，通过举办拔河比赛、抱石头、踢毽子、呼啦圈等藏族传统体育比赛，使各族社区居民的体质大大增强，精神面貌焕然一新。

三 城市社区服务工作不断发展

拉萨市始终坚持以满足社区各族居民群众生活实际需求，提高居民生活质量作为社区建设和治理的根本出发点和落脚点，不断拓展服务领域和服务项目。下面以拉萨市城关区为例来说明这项工作所取得的成就。一是在拉萨市城关区实现了2285户、5817人城乡低保一体化管理，切实落实"应保尽保"。在社区内，创办了32家"爱心超市""春蕾计划""圆梦奖学金""明德奖学金"等慈善捐助机构。二是建立了社区劳动保障工作平台,拉萨市城关区城镇居民医保参保人数达 2.55 万人,年老、低保、残疾等困难人群实行免费参保达 5610 人(以上统计数据截至 2012 年 12 月)。社区还组织专门人员对贫困家庭子女、残疾人提供免费的就业再就业咨询,拉萨"3·14"事件以后,各社区向居民提供再就业培训、就业岗位信息服务达到 1800 人次。拉萨市城关区政府还积极创造条件,提供社区公益性岗位,先后解决了 1103 人就业。三是开展了形式多样的结对子帮扶、帮助贫困户脱贫致富、慰问孤寡老人等工作,调整了不同群体之间的利益关系,维护了居民群众的生活权益,促进了社会的公平与正义,营造了和谐的社区氛围。四是大力开展社区教育工作,使社区教育质量不断提高。拉萨市城关区现有 18 所公办小学,1 所公办中学,为社区居民子女接受教育提供了保障。拉萨市城关区还以开辟"绿色网吧"、组织社会实践活动等形式,开展青少年思想道德教育、文体娱乐等活动,努力把社区建设成为未成年人健康成长的社会课堂。例如:当巴社区居委会历来十分重视社区教育工作,先后投资 500 多万元用于发展社区教育事业,目前该社区适龄儿童入学率达到 100%。2008 年该社区拿出 100 万元专项资金购置了两辆学生班车,专门用于接送在拉萨城区上学的社区学生;另外,该社区还兴建了格桑梅朵社区幼儿园,为社区居民子女接受学前教育提供了极大的方便。又如:在雪社区居委会,早在 1977 年就创办了社区幼儿园,通过

30多年的建设和发展，该幼儿园已拥有入学儿童600余名，目前已经成为在拉萨市颇有名气的雪社区双语幼儿园；社区内还设有雪小学、西藏自治区实验幼儿园等教育机构，社区居民子女入学率达到了100%；另外，该社区还十分重视困难家庭子女的教育问题，对于家庭困难的学生，社区居委会从物质上、精神上都给予了极大的支持，社区作担保，联系银行给这些家庭和学生发放无息贷款，或者自筹资金代为垫付学费。

四 城市社区治理机制初步建立

拉萨市近年来积极推进政府职能转变，坚持重心前移，服务下沉，依托社区治理工作平台，将部分社区治理与服务项目下移到社区办理，提高了基层社会管理和服务质量。自拉萨"3·14"事件以后，为切实加强社区治安管理，拉萨市不断充实基层干部，加强社区维稳工作。仅城关区就配置人员1022人，其中基层干部272人、民兵100人、治保人员305人、民警37人、派出所保安107人、寺庙工作人员60人、市直机关干部141人。配置流动人口协管员100人、治安信息员67人。另外，拉萨市城关区街工委还建立了由177人组成的调委会、居民调解小组。同时，各社区居委会积极推进社区卫生服务站建设，共配备了社区医生45人、防保专干20人，聘用医务人员19人，有效地改善了城市基层卫生条件，为社区居民群众就近就医提供了方便（以上统计数据截至2012年12月）。拉萨市房产、计划生育、城市管理、流动人口管理等工作都在社区设立工作平台，创新了工作机制，促进了基层工作的落实。

五 城市社区治理干部队伍素质显著提高

下面列举的一组拉萨市城关区街道和社区管理干部的数据，就足以说明拉萨市社区管理队伍的数量不断增加、业务水平不断提高、知识结构不断优化。拉萨市城关区第六届村（居）委会换届后，"两委"班子成员共298人，其中村（居）党支部成员193人、村（居）委会成员271人、交叉任职166人，没有"一肩挑"的现象。党员占选民总数的3.4%，一大批年轻干部被发现任用，基层干部队伍的年轻化得到了进一步加强，其中35岁以下100人，36~45岁107人，两个年龄段的村（居）干部占村（居）干部总人数的69.46%，相较于上届的67.25%，提高了2.21个百分点；村（居）干部的文化程度得到了明显提高，在298个村（居）干部中大学本科学历的4人，大专学历的28人，高中文化程度的（含中专13人）52人，初中文化程度的123人，初中以上文化程度的占总人数的69.46%，相较于上届的62.63%，提高了6.83个百分点；汉族和其他民族占总人数的2.7%，相较于上届的1.8%，提高了0.9个百分点；女性村（居）干部86人，占村（居）干部比例为28.86%，比上届23.49%提高了5.37个百分点。退下来的村（居）基层干部55人，占上届基层干部总数281人的19.6%；下派干部51名（不包括区直机关下派干部），占村（居）基层干部的 17.1%，其中正式干部 13 人、工人 36 人、聘用干部 2 人（以上统计数据截至 2012 年 12 月）。社区居委会成员的年龄和知识结构明显优化，整体素质有了显著提高，一大批思想好、作风正、能力强、愿意为群众服务的居民走上居委会工作岗位。

六　具有西藏区域特色的网格化管理模式已经初步形成

拉萨市城市社区在推进网格化社会管理的实践中，除结合本地实际制定一系列社会管理创新机制外，还注重社会建设、常规社会管理与民族宗教事务管理、反分裂斗争相结合，目前由居委会、便民警务站、宗教场所、单位组织、社区警务五张网形成的具有本地特点的复合式网格化管理模式已基本成型。

（一）创新社会管理机制落地社区网格

在加强与创新社会管理工作中，拉萨市及其各职能部门结合当前工作实际，本着以人为本的原则，"谋长久之策、行固本之举"，建立健全社会服务管理创新机制。到目前为止，拉萨市已经建立 48 项机制，不仅具有覆盖面广、短中长期时间相结合的特点，而且还通过这些机制将各职能部门、管理机构组织协调统筹起来。在试点推进过程中，各职能部门多次前往鲁固、夏萨苏、雄嘎等居委会进行调研，并选择典型案例，由工作人员进行演练，征求意见，对机制进行改进、完善，使机制更加切合基层社区实际，具有长期性和有效性，从而更加有利于各方协调统筹，真正做到机制落地社区，为推进当前和今后一段时期内的社会建设和社区管理打下良好基础。

（二）常态管理为主的社会面网格

在探索城市社区网格化管理模式过程中，拉萨市以八廓街道办、扎细街道办及其辖区各居委会为试点，开展城市社区网格化管理机制的探索，依托现行行政管理体系，形成精细化、责任化、综合化、信息化、实效化的"三级平台、四级服务管理"工作体系，健全"党委领导、政府负责、社会协同、公众参与"的社会管理格局，按照"定人、定岗、定责、定奖惩"的原则，逐级明确责任，做到权责明晰、量化到人，将一定范围内的人、物、事、组织、服务资源、管理项目等纳入网格，形成"横向到边，纵向到底"，无疏漏、覆盖普通居民区、商铺店面、旅游娱乐、辖区内单位和寺庙的网格化管理模式。此外，为探索建立信息快速收集、传递、前馈式控制机制和"应突处突"的快速反应机制，实现数字化虚拟网格与社区管理网格的对接，把矛盾和问题解决在萌芽状态。拉萨市城市社区数字化信息平台已于2012年6月中旬建成，目前正在运行中。

（三）以值岗便民为主的街道网和社区警务网

2011年10月以来，拉萨市按照陈全国书记将便民警务站建设成为"便民服务、构建和谐、展示形象、维护稳定"平台的重要指示精神，积极探索社会管理新模式，进一步加强综合维稳工作，在市区设立了135个便民警务站，遍及所有城市社区，逐步建立由党委、政府统一领导，政法、综治部门协调，有关部门共同参与的社会管理创新组织领导体系和工作机制。

在加强和创新城市社区各街道办、居委会社会治安综合治理过程中，实现了由静态管理模式向动态管理模式转变，形成派出所管片、警务区管段、巡警管面的新型警务运行模式，建立了由城关区公安分局派出所、警务区和联防、居民治安（包括社区单位、沿街商户）三位一体的"三级"群防群治防范控制网络。

（四）以重点关注为主的宗教活动场所网

在拉萨市辖区内寺庙的管理方面，一方面通过街道办、居委会按照属地原则进行管理，另一方面通过民宗局强化对宗教事务的依法管理，集中开展寺庙爱国主义和法制宣传教育，参与制定并落实《藏传佛教活佛转世管理办法》，成立工作组，通过寺管会对寺庙进行常态化管理，全面落实"六个一""九＋五"工程，逐步完善寺庙社区服务，加强对重点区域、重点人群的防控管控，严防达赖集团的渗透和破坏。

（五）以弥补社区范围空隙为主的自治单位网

拉萨市城市社区结合属地管理原则和垂直管理原则，将单位社区纳入网格化管理模式，就一些社会治安和公共服务方面内容建立街道、居委会与所辖社区单位的协调关系，保留单位社区在基础设施配套建设和公共服务管理方面的自主性，成为符合拉萨市实际的又一网格化管理形式。

七 维护稳定促发展，"双联户"建设工作初见成效

"双联户"工作夯实了社会治安防控体系，提升了维护稳定工作的效率，增强了群众维护社会稳定的积极性和责任心，并以社会管理工作网格为基础，进一步优化了群防群治体系。在工作过程中，通过联户代表的志愿巡逻，与社区警务室、便民警务站互补、互动，实现了维稳防控无盲区、社会管理无死角，确保了辖区内社会和谐稳定。

据拉萨市城关区委常务副书记、政法委书记索朗慈仁介绍，自开展"双联户"工作以来，拉萨市城关区刑事案件同比下降 42%，治安案件同比下降 75%，宣传惠民政策 2000 余次，巡逻巡防 200 余次，收集民生信息 166 条，联管联教 440 人次，调处化解矛盾纠纷 119 起，排查解决安全隐患 330 起。同时，"双联户"工作畅通了民意表达和利益诉求的渠道，联户代表通过走访，对联户单位内的特殊服务群体如孤寡老人、残疾人、待业青年、流动人口子女等有了更直接的了解和更迅速的反馈，便于及时有效地提供相关服务。另外，通过联户代表的牵头和协调，各联保户在自愿的基础上联创联营、信用联保，通过共同创业、小额信贷等措施，支持联保户自主创业、共同致富。截至目前，拉萨市城关区建立经济联合、集体组织 14 个，实现小额信贷联保联担 155 万元，宣传就业优惠政策 800 余次，实现就业 500 余人，实现帮扶弱势群体 1554 人次，整治环境卫生 231 次。

第二节 拉萨市社区治理工作
所取得的主要经验

拉萨市特殊的市情,决定了在加强和创新城市社区建设和治理工作中,既面临着与内地相似的在经济转轨、社会转型、观念转变、利益调整中出现的一系列共性问题,又面临着反分裂斗争任务艰巨、民族宗教工作任务繁重、发展保障能力不强等个性问题;既关系到人民福祉,更关系到国家安全。拉萨市加强和创新城市社区建设和治理工作,较内地其他地区更具重要性、紧迫性、艰巨性、特殊性,既无成熟的经验可循,又无现成的模式可搬。因此,必须紧密结合拉萨市的实际,以被确定为全国加强和创新社会管理综合试点地区为契机,加大创新力度,努力探索出了一条符合中国特色西藏特点拉萨实际的城市社区建设和治理之路。主要的工作经验总结如下:

一 抓理念引领,树立城市社区治理的新理念

为加强和创新城市社区建设和治理,必须打破传统思维、与时俱进、树立先进理念。自拉萨市被确定为全国加强和创新社会管理综合试点地区以来,作为西藏自治区首府城市的拉萨市进一步强化了责任感和紧迫感,通过加强学习领会党中央、国务院和自治区党委政府关于加强和创新社区管理的工作要求,通过邀请国家行政学院、中国人民大学、北京城乡创新发展博士研究会、西藏自治区社会科学院、西藏大学的专家学者举办

专题讲座，通过选派考察组赴重庆、江苏、北京、深圳等地学习考察先进经验，通过深入调研准确把握影响拉萨社会和谐稳定以及城市社区建设与治理的突出问题、薄弱环节和工作盲区，以先进理念为引领，以"创机制、创队伍、创政策、创职责"为重点，将自治区和拉萨市的有关精神具体化、外地经验本地化、本地经验制度化，研究制定了《关于加强和创新社区管理的意见》，明确了指导思想、基本原则、工作目标，提出了多项具体任务和工作要求，对拉萨市社区管理和创新工作进行了高点定位、系统规划、全面部署。

表 4 − 1 社区治理与社会管理体制内容对应表

社区治理	社会管理体制
街道体制 居委会体制 社区直选 社区工作	基层社会管理体制 利益协调体制 社会保障体制 弱势人群权益保障体制 社会工作体制
社区社会组织	社会组织管理体制 利益协调体制 社会保障体制 弱势人群权益保障体制 公民财政体制
社区服务	社会服务体制 利益协调体制 社会保障体制 弱势人群权益保障体制 基本公民服务均等化与公民财政体制

一是进一步提升加强和创新城市社区建设和治理工作的战略地位。将加强和创新拉萨市城市社区工作作为提高党的执政能力的重要着力点、作为拉萨市充分发挥首府城市首位度作用的重要着力点；将以反分裂斗争为主的维稳工作拓展为以维稳工作为主的社区管理，将以维稳工作为主的社区管理拓展为以人为本、服务为先的社会建设；将发展与稳定两手都要抓、两手都要硬拓展为经济建设与社会建设两手都要抓、两手都要硬。同时，拉萨市确定的"一确保、两突破、三加强"工作思路中，特别要求在加强和创新社区建设和治理工作上要取得突破。

二是实现管理主体、管理方式、管理重心和领导体制的重大转变。管理主体实现由单纯重视政府作用向社会共同治理转变。管理方式实现由管理为主向寓管理于服务转变、由经验管理向依法管理转变、由管控型向治理型转变。管理重心实现由应急管理向常态管理转变、事后处置向源头治理转变、领导体制实现了由部门任务向党政工程转变。拉萨市成立了以市委书记为组长，市长为第一副组长，市委、市政府其他相关领导为副组长，拉萨市直属各单位主要负责人为成员的加强和创新社区管理工作领导小组，并设立办公室；拉萨市城关区各街道办事处也都成立了党政一把手担任组长的工作领导机构。通过整合资源、组建队伍、落实责任、实施考核，形成了党政一把手亲自抓的良好局面，确保了拉萨市社区建设和治理工作的顺利推进。

三是坚持统筹兼顾、协调推进。拉萨市各级党委、政府牢固树立"加强和创新城市社区管理的过程，就是大力推进经济社会跨越式发展的过程，就是大力改善民生的过程"的理念，坚持在加快发展和改善民生中加强和创新社区建设和治理工作。

四是坚持实践探索与理论总结同步进行。鉴于拉萨市加强和创新城市社区建设和治理工作的特殊性和紧迫性，在试点一开始，拉萨市就坚持实践与理论的紧密结合，坚持边实践边总结边提升，把实践升华为理论、以理论推进实践。拉萨市政府委托西藏自治区社科院对本市的加强和创新社区建设和治理工作开展专题研究，形成了 26 万字之多的涵盖总体设计、城市社区、寺庙社区、农牧区社区等五个方面的课题报告，为拉萨市开展社区建设和治理工作提供了有力的理论支撑。

五是以高目标引领高水平的城市社区建设。鉴于拉萨市加强和创新城市社区建设和治理工作所肩负的重大责任，西藏自治区党委政府决定，拉萨市的社区建设工作要力争迈入全国社区管理创新示范城市行列，以高目标高定位引领高水平的社区建设和治理工作。

二 抓模式创新，建立城市社区建设和治理的新格局

拉萨市辖区内有大量宗教活动场所和僧尼，寺庙对拉萨市的社会和谐稳定具有重大影响。拉萨市按照城市、寺庙和

农村三大区域，因地制宜、因地施策，形成了具有拉萨市特色的城镇、寺庙和农村三大社区管理模式，在拉萨市实现了全覆盖的服务与管理。

一是在城市社区创试复合式网格化服务管理模式。为切实加强城市常态化管理和有效应对达赖集团的分裂破坏活动，拉萨市积极探索了五种网格化城市社区管理模式：村居社区网格化服务管理模式、单位社区网格化服务管理模式、街面防控警务网格化服务管理模式（依托城区 135 个便民警务站）、派出所网格化服务管理模式、寺庙社区网格化服务管理模式。这五种网格化城市社区服务管理模式相互交合、互为补充，形成了复合式城市社区网格化服务管理模式。

二是在寺庙社区推行综合精细化管理模式。创新寺庙社区管理、构建寺庙社区管理新秩序，是拉萨市加强和创新社区管理工作的重中之重。依据西藏自治区党委、政府《关于加强和创新寺庙管理的决定》的有关精神，通过在寺庙社区"建管理机构、建党组织、建领导班子、建干部队伍、建管理职能、建管理机制"，建立起党和政府领导下坚强有力、依法高效的寺庙社区建设和治理体系。

三是在农牧区社区推进便捷扁平化管理模式。针对拉萨市郊区地广人稀的特点，通过大力加强村党支部、村委会和驻村工作队建设，建立健全"进一个门、找几个人、办所有事"的农牧区社区管理方式，缩减中间环节，提高农牧区的社区服务管理效率。

三 抓机制保障，健全城市社区建设和治理的新机制

为把拉萨市委、市政府《关于加强和创新社会管理的意见》（拉党发〔2011〕8 号）确定的目标任务全部落到实处，拉萨市委、市政府按照"管用、管好"的要求，安排了 11 个直属单位牵头，制定和完善了 38 项工作机制。

这 38 项工作机制主要包括：临时来拉人员服务管理机制、公民出入境服务管理工作机制、社会矫正工作机制、群防群治工作建设运行机制、流动人口服务工作机制、群众利益诉求表达机制、社会组织服务管理工作机制、促进民族团结工作机制、加强群众工作机制、加强和创新消防安全监管工作机制、青少年思想政治教育和学校德育工作机制、流浪乞讨人员救助管理工作机制、公民思想道德建设工作机制、社会福利事业工作机制、群团组织建设工作机制、基层党组织建设工作机制、寺庙和僧尼服务管理工作机制、社会流动从事民间宗教活动人员服务管理实施办法、房屋租赁管理工作机制、旅馆业服务管理工作机制、新经济组织服务管理工作机制、文化市场监管工作机制、食品药品安全监管工作机制、安全生产监管机制、就业技能培训管理与服务办法、人力资源市场服务与管理制度、二手车市场规范管理机制、维稳长效机制、突发事件应急处置机制、矛盾纠纷排查调处机制、严打整治工作机制、校园及周边社会治安综合管理工作机制、维稳基础工作机制、网络通信安全监管机制、网格化

管理工作机制、社会治安防控工作机制、重点人员管控工作机制、重大事项信访稳定风险评估实施细则等。

四 抓重点突破，形成城市社区建设和治理的新亮点

拉萨市紧紧围绕影响社会和谐稳定的突出问题、薄弱环节和工作盲区，加快服务、管理与创新步伐，在以下五个方面取得了较大进展并获得了非常宝贵的工作经验。

一是重点加强维稳机制建设。积极配合拉萨市市直有关部门，大力推进环拉萨护城河工程，增设 17 个检查站，严格落实点对点、点对店、点对警、警对社区的接力移交，确保对来拉萨市区的邻省藏区人员来知行踪、动知轨迹、全程掌控；建成集视频监控、情报信息研判、智能交通管理、综合指挥调度为一体的"天网工程"一期项目，党政机关驻地、金融重点单位、大型商场和高档宾馆、学校、市区交通干线电子监控实现全覆盖；在拉萨市的直接领导下，在城区建成 135 个便民警务站，打造了"3 分钟警务服务圈"，城关区各繁华街区、要害部位、重要景区等重点区域综合处警实现全覆盖，形成了"空中布网、地面布警"的立体式防控网络。截至 2012 年年底，拉萨市的刑事案件破案率比上年提高了 1.9%，"两抢一盗"案件破案率比上年提高了 8%。

二是重点加强特殊人群服务管理。拉萨市分别建立"3·14"涉案人员、刑释解教人员、社区矫正人员、"法会"回流人员信息数据库，分门别类地开展了科学化管控、亲情

化服务、精准化帮教、属地化融入，帮助解决落实户口、家庭接纳、基本生活等实际问题，帮助他们树立生活信心，顺利融入社会。

三是重点加强流动人口服务管理。拉萨市各街道办事处、各社区居委会始终坚持"以房管人、以证管人"的基本原则，积极贯彻落实《拉萨市房屋租赁管理办法》，依托实有人口信息管理平台，对各类人员尤其是刑释解教人员、社会闲散人员、外来朝佛人员等重点人群实行分类管理，对在拉萨市辖区内长期居住经商、有固定职业和经济收入或者其他地区离退休人员在拉萨市有固定住所且居住满1年以上并无不良记录的非户籍人员，给予办理《居住证》；对在拉萨市辖区内居住不满1年的个体工商户、有相对固定住所、固定职业以及社会游业人员，给予办理《暂住证》；对来拉萨市辖区内朝佛人员，给予办理暂住期限不超过1个月的《临时来拉人员登记证》（需要延长逗留期限的，于暂住期满3日前续办《暂住证》），并通过"护城河"卡点信息采集系统纳入管控视线，做到"3小时内落地核检、12小时内办理证件、10分钟内旅店核查"，确保流动人口服务管理无缝隙、无盲点、无空白。

四是重点加强寺庙社区内的僧尼服务管理。在拉萨市辖区内的寺庙社区扎实推进"建管理机构、建党组织、建领导班子、建干部队伍、建管理职能、建管理机制"、"交1个朋友、进行1次家访、解决1个问题、建1套档案、建1条联系渠道、形成1套联动机制"和"每个寺庙都有领袖像、有国旗、有道路、有水、有电、有广播电视、有电影、有书屋、有报纸+修建1个食堂、1个澡堂、1个垃圾池、1栋温棚、培养1名卫生员"活动，广泛开展和谐模范寺庙暨爱国守法先进僧尼创建评选活动，启动实施以集中学习历代高僧大德"爱国爱教、遵法守纪、弃恶扬善、崇尚和谐、祈求和平"为主题的法制宣传教育活动，与西藏大学合作开发寺庙档案数据库管理软件，整顿流动宗教活动人员，大力改进面向寺庙和僧尼的公共服务，寺庙书屋、广播影视实现全覆盖，持证僧尼社会养老保险、医疗保险、最低生活保障、健康体检实现全覆盖，寺庙管理迈上规范化、法治化、信息化、科学化轨道。

五是重点加强矛盾纠纷排查化解。抓好人民调解、行政调解、司法调解"三调联动"和无缝对接。深化多元调解工作，狠抓基层人民调解组织建设，做到哪里有人哪里就有调解组织、哪里有矛盾哪里就有调解工作。严格执行"一个问题、一个领导、一套班子、一个方案、一抓到底"的工作责任制，全面落实信访积案排查化解责任制、领导包案制和领导干部接访、下访、回访、联系群众制度。截至目前，拉萨市还没有发生越级访、进京访事件，矛盾纠纷排查化解工作成效明显。

五　抓民生改善，减少社会管理特别是社区建设和治理的新问题

拉萨市坚持把向广大人民群众提供全覆盖、多领域、高

质量、均等化的基本公共服务，作为加强和创新城市社区建设和治理的关键，着力保障和改善民生，着力从源头上最大限度地减少不和谐因素。

一是着力改善人居环境。加快拉萨城市建设，"东延西扩南跨、一城两岸三区"的城市框架的全面拉开，柳梧新区、东城新区、东噶新区迅速崛起，城市建设成区面积达到 62.8 平方公里。强化城市管理，拉萨市全面完成了布达拉宫、罗布林卡、大昭寺、色拉寺周边环境综合整治工程，31 条市政道路街景改造和亮化美化工程，大规模开展以市场秩序、交通环境、违章建筑、旅游环境、环境卫生为重点内容的城乡环境综合整治活动，投入了 2 亿多元建立起完善的公交运行系统，实现了环境整治由点到面的提升、人文景观由乱到美的提升、管理水平由粗到细的提升。加紧改善住房条件，扎实推进城市郊区农牧安居工程、市区保障性住房建设，市郊大部分农牧民都住上了安全适用新房，市郊农牧民人均住房面积达到 30 平方米，市区居民人均住房面积达到 31 平方米。加速推进拉萨市郊区新农村建设，农村电网覆盖率达到 99%，乡村油路通达率达到 92.98%，广播电视综合人口覆盖率达到 96.69%，率先在全市实现了行政村通电、通路、通邮、通电话、通广播电视。加强生态建设，切实做美"山文章"、做好"水文章"、做严"地文章"、做足"绿文章"，努力实现"河变绿、树上山、暖进家、氧进户"，森林覆盖率达到了 18.4%，城镇生活垃圾无害化处理率达到 100%，空气质

量二级以上天数达到 363 天，空气优良率常年保持在 97%
以上。

二是加快发展社会事业。大力推进就业创业体系、社会
保障体系、公共教育体系、医疗卫生体系、科技支撑体系、
公共文化服务体系建设，财政投入民生的资金年均增长
20% 以上。人是加强和创新城市社区建设和治理中最具决定
性的因素，为加快提高城市社区居民的综合素质，拉萨市城
关区区委、区政府下决心大力发展教育事业，拉萨市委
2012 年出台了 1 号文件《加快全市教育改革和发展的意
见》，提出了建设民族地区教育强市的目标，拉萨市将努力
在三年之内实现教育事业质的飞跃。拉萨市 2013 年的教育
支出达到财政总支出的 10% 以上，规划中的拉萨市教育城
即将开工建设。同时，拉萨市还提出了"以业育人、以业
管人、以业安人、以业富人"的新理念，强化就业工作在
加强和创新城市社区建设和治理中的战略地位，让各族居
民群众特别是青壮年在创业致富、创造美好生活中推进社
会的和谐稳定。以拉萨市创建创业型试点城市为契机，设
立了大学生自主创业扶持基金、残疾人就业保障金，确保
实现拉萨市籍大学毕业生全部就业和零就业家庭动态清零；
用最好的师资、最好的学校、最好的教学，力争 3~5 年内
把全市 20 岁以上 40 岁以下农牧民群众全部轮训一遍，努
力提升"以业育人、以业管人、以业安人、以业富人"的
工作水平。

三是不断提升社会保障水平。拉萨市 45 岁以上社区居

民都能够享受免费体检并建立健康档案，城乡低保、医疗保险、新型农村养老保险实现全覆盖，城乡低保实现应保尽保，五保老人集中供养率达到80%以上，建立健全社会救助和保障标准与物价上涨挂钩联动的长效机制，培训志愿者和社会工作者队伍为城市社区居民群众开展形式多样的服务，以城乡低保、灾害救助、五保供养、流浪乞讨、教育、住房、医疗、司法、就业为重点，以临时救助为补充的城市社区救助体系不断完善，统筹城乡的社会保障体系不断健全、保障层次不断提高。

四是坚持实施民心工程。拉萨市坚持每年办好社区居民群众拥护、百姓受益的12件实事，一批惠及百姓的民生工程相继竣工并投入使用，一批百姓普遍关心的热点难点问题得到较好解决，一批困难群体的生产生活条件得到显著改善。

五是促进民族团结。根据拉萨市制定实施的《拉萨市民族团结进步条例》，配套建立了促进民族团结进步工作机制，在每年9月的"民族团结进步月"，拉萨市都要隆重召开民族团结进步表彰大会，深入开展丰富多彩的民族团结进步创建活动，教育引导社区各族居民群众像爱护自己的眼睛一样珍视民族团结、像爱惜自己的生命一样维护民族团结，不断增强社区各族居民群众对党的领导的坚定性、对中华民族的认同感、对伟大祖国的忠诚度，不断巩固发展各族人民群众共同团结奋斗、共同繁荣发展的大好局面。

六 抓发展支撑，增强城市社区建设和治理的新保障

拉萨市把加快经济发展作为加强城市社区建设和治理的基础支撑，不断创新理念、完善思路、自加压力、提速跨越，努力为城市社区建设和治理奠定物质基础、创造先决条件、提供重要保障。

一是思路上创新。拉萨市委、市政府在坚持和完善"一个坚持两强化三突破"工作思路的基础上，始终坚定地贯彻落实习近平总书记"治国必治边，治边先稳藏"的重要指示以及全国政协主席俞正声同志"依法治藏，长期建藏"的重要思想，牢牢把握发展和稳定两件大事，始终坚持维护社会稳定和保护生态环境两条底线，扎实推进目标、任务、效能三大提速，继续抢抓政治、历史、政策、发展四大机遇，大力实施环境立区、文化兴区、产业强区、民生安区、法治稳区的五大战略，着力抓好项目拉动、园区带动、产业推动、民营促动、人才培养、环境创优六项重点，全力推进发展带头、稳定关键、团结模范、民生先行、文化示范、生态引领、党建先锋七项突破。

二是发展上提速。根据上述指导思想，顺应自治区党委、政府对拉萨市工作的新要求，顺应拉萨市各族人民群众过上更加幸福美好生活的新期待，拉萨市自加压力，提出今后五年在全面实现"十二五"规划目标的基础上，要努力实现目标、任务、效能三大提速，力争地区生产总值年均增

长 15% 以上、地方财政一般预算收入年均增长 25% 以上、全社会固定资产投资年均增长 25% 以上、社会消费品零售总额年均增长 20% 以上、人均地区生产总值超过全国平均水平、城镇居民人均可支配收入年均增长 8%、农村居民人均纯收入年均增长 15% 以上，为在全市率先建成全面小康社会打下具有决定性意义的基础。

三是项目上加强。拉萨市在确保"十二五"规划项目提前开工的基础上，千方百计筹资金、想方设法上项目、尽心竭力惠民生，新上了中国西藏文化旅游创意园区、拉萨市供暖工程、纳木错景区综合开发工程、教育城、群众文化体育中心、德吉罗布儿童乐园、市区繁华街道便民畅通工程等重大项目，拉萨河城区段景观综合整治建设工程、文成公主大型实景演出项目、"天网工程"二期项目、拉萨老城区维修保护工程等新增项目的前期工作正有条不紊地加快推进。这些项目的实施将有效破解长期困扰拉萨市的基础设施瓶颈制约，进一步提升拉萨市城市社区居民的生活品质，进一步夯实了加强和创新社区建设和治理的载体基础和社会基础。

七 抓试点先行，积累城市社区建设和治理的新经验

从 2012 年初开始，拉萨市选择了城关区、林周县、曲水县作为试点，进行城乡社区建设与治理工作试点，先行先试，在取得成功经验后全面推广。拉萨市主要开展了以下工作。

一是因地制宜明确目标。拉萨市在充分借鉴北京市东城区网格化社会服务管理模式的基础上，确立了"以维护局势稳定为首要目标，以提高群众安全感、幸福感、参与度为主线，将出租房屋和流动人口服务管理、宗教事务管理、重点人群管理作为重点内容，确保网格内所有工作都在党的领导下、都在政府有效服务管理中，着力探索构建以精细化管理、人性化服务、多元化参与、信息化支撑为特征的网格化社会服务管理模式"的试点目标。

二是科学合理划分网格。根据人、地、事、物、组织、房屋等情况，将网格划分为住宅、商住、机关企事业单位、宗教场所、综合等五种类型；根据城市社区管理秩序、治安环境状况，将网格划分为日常管理、重点关注、综合治理三个等级，做到精确定位、精选定人、精准定责，实现网格全覆盖、工作无缝隙。

三是有力配置社区工作队伍。拉萨市对现有社区工作者、各类协管员、街道干部、村（居）民小组长、社区民警等进行整合，在网格中配置网格格长（网格党组织负责任）、网格流动人口管理员、网格宗教事务管理员、网格居民事务联络员、网格治保员、网格民警等六种工作力量，并根据试点社区实际情况适当增设网格市场管理员、网格农牧科技员，确定了"网格一长五员"的工作职责和考核标准。目前，拉萨市各社区已配备网格工作人员 129 名，网格格长由社区（村）党员干部兼任，实现了党建工作覆盖到网格的目标。

四是组织开展实战演练。研究制定加强和创新城市社区建设和治理演练活动实施方案，在流动人口服务管理、流动从事宗教活动人员服务管理、安全隐患治理、特殊人群帮扶和流浪乞讨人员救助、社区矫正、矛盾纠纷排查调处等六个方面进行机制演练，分析总结演练中出现的问题，修订完善各项工作机制，改进强化各项对接措施，着力增强网格工作人员的机制运用能力、处理实际问题能力。

　　五是探索建立工作制度。建成城关区和街道两级指挥中心，加强网格工作人员专题培训，制定出台《关于实施网格化社会服务管理全面推进社会建设的意见》等 17 个指导性文件和工作方案，力求制度建设规范化、管理方式精细化、责任体系网格化、服务工作人本化、防控体系立体化。

　　六是加快推进基础建设。抓紧开展人、房、物等基础数据普查登记，加快推进机关大院进入网格，做实城关区信息系统建设前期各项工作，铺设试点单位局域网，网格化社会服务管理信息系统建设核心功能已经开始试运行；组织市直政法部门在各自驻社区（村）工作点率先推行网格化管理措施，为全面铺开进一步完善机制、丰富经验、夯实基础。

第五章 拉萨市社区治理工作过程中存在的主要问题

　　中央第五次西藏工作座谈会上强调，做好西藏工作，是深入贯彻落实科学发展观、全面建设小康社会的迫切需要，是构建国家生态安全屏障、实现可持续发展的迫切需要，是维护民族团结、维护社会稳定、维护国家安全的迫切需要，是营造良好国际环境的迫切需要。城关区是西藏自治区的首府城市拉萨的唯一市辖区，其重要性不言而喻；同时，推进城市社区建设和治理工作更是拉萨市城关区工作的重点。但是，尽管近年来城关区在社区建设和治理方面付出了很大的努力，也取得了一些成绩，但是与各族人民群众的要求以及建设和谐稳定发展城市社区的目标相比还有不小差距，仍存在着不少的困难和问题。与其他省、自治区、直辖市的城市社区建设和治理相比较，这些困难和问题有些是共性的，有些是作为民族地区的城市社区所特有的，主要集中表现在以下几个方面。

第一节　拉萨市社区治理的体制与
模式相对落后

一　城市社区治理组织和体制不健全，社区管理的责、权、利不统一

拉萨市的城市社区是以原居委会为基础，经过合并调整划分的。由于拉萨市是一个高原边疆城市，人口规模很小，原居委会组织既简单（大多只有一两个人），又不健全。建立社区之后，在拉萨市和城关区两级党委、政府的直接指导和干预下，各社区都召开了专门会议，传达了党中央、国务院以及相关部委的有关社区建设的文件精神，让广大社区居民了解到社区的法律属性为群众性自治组织，自治组织内部应设立决策机构、执行机构和监督机构。从拉萨市城市社区成立的初期情况来看，除执行（办事）机构居委会外，其他组织未来得及配套建设，居委会内部应设的办事组织或办事人员也未来得及配套建设，居委会工作的精力主要放在应付事务性工作以及上级的各种检查上。社区居委会还承接了基层政府领导工作中心下移的大部分行政管理职能，每项工作都要挂牌子、设机构、抓考核、搞评比，而相应的工作人员和经费以及配套设施却没有移交。同时，拉萨市现有社区居民委员会的权责不清晰，功能不健全，难以发挥群众性自治组织本来的作用，实际上处于被街道办事处领导的地位，

不得不服从其安排，从事大量本来由政府职能部门或社会中介组织承担的事务性工作。

一般认为，社区治理主体主要有三个，即政府、居民自治组织、介入社区事务的专业机构。其中政府的权威来源于它所代表的公共秩序、公众利益以及自身所形成的公信力；居民自治组织的权威来源于全体社区居民，来源于他们参与民主管理的程度以及自身的话语权；介入社区事务的专业机构的权威来源于其在某些领域的专业水平以及政府和社区自治组织的授权，来源于其服务的效果。三者之间相互融合，共同推进城市社区的治理和发展。由于社区治理组织不健全，机构和人员的配备都不齐全，新的管理秩序没有建立起来，旧的管理办法仍在起作用。目前在拉萨市，行政权力仍是治理社区的主导力量，基层政府从"管理"城市和"控制"社会的角度出发，继续对社区行使管理权力，实行高度集权的严格管理，从人、财、物等方面实行严格的控制。城市社区三种权力主体中只有行政权力（政府）的合法性受到格外的推崇，行政权力"一股独大"，其他两种权力没有得到正常发育和受到应有的重视。主要表现为：

首先是城市社区自治权力严重弱化。社区自治组织实际上成为政府意志的代言人、执行者，行政权力是"衙门"，自治组织是"衙役"。我们在拉萨市的部分社区调查中发现，有些居民认为政府及其主管部门与社区的关系是行政上下级关系，是领导和被领导的关系，很多社区居民对社区干部身份、法律地位和职责等都不十分了解，甚至相当一部分居民都否认社区干部是真正选举产生的。

其次是介入社区专业机构的权威问题。一是专业机构数量有限甚至有些社区根本就没有专业机构介入。二是有限的专业机构来源严重不足。物业公司是社区内表面看来唯一不同于政府和社区自治组织的机构，但它实际并非真正的专业机构。拉萨市社区内的物业公司主要来源于房管处和房屋开发商，前者是由政府机关改制而来，仍然带有极强的"官办"色彩，后者是典型的市场主体，是具有独立法人资格的企业。专业机构不专业甚至不存在，专业权威也就自然无从谈起了。因此，拉萨市在新的社区建立后，必须尽快地构建组织体系和治理体制，完善管理制度，明确各管理主体的权责和职能，才能使社区建设和治理的各项工作正常有序地开展。

二 城市社区人员专业素质亟待提高，社区治理方式亟待改进

社区治理是社区建设的重要内容，治理效果的好坏关系到城市社区的长远发展。从总体上看，拉萨市社区治理水平相对较低。一方面是社区治理主体比较单一。社区治理主体以行政主体为主，即社区事务主要仍由街道办事处以及区政府的各专业职能部门管理，而市场主体（如物业管理公司、服务性中介组织）、社会组织、社会团体（如各种文化团体、妇联、共青团、业主委员会）等，并没有真正广泛地参与到社区事务的管理中，有的社区甚至还没有形成完备的社区治

理组织。社区居民的自我管理意识也很薄弱，居民参与社区事务管理的组织形式是居委会，而居委会本身的组织建设、制度建设等也相对滞后。另一方面是社区治理手段比较单一。由于西藏自治区社区建设和治理工作起步较晚，没有先期的经验可以借鉴，再加上受长期计划经济的影响，在社区治理上打上了明显的指令性计划的烙印。拉萨市社区治理手段主要是依靠行政机关和领导者的公权力，通过采取强制性行政命令的形式对社区事务进行直接、集中、统一管理。这种方式不利于在各治理主体之间进行分权，不利于发挥其他系统的作用，造成了各系统间沟通和联系的阻碍等。要改变这种状态，就必须采取间接的、宏观的管理手段作为社区治理的有效补充。但目前拉萨市的城市社区治理过程中，诸如经济手段、法律手段、制度手段等间接管理方式运用得还不够，行政化多于市场化。同时，社区管理人员、社区专业技术人员、专业社会工作者数量不足、专业素质不高也直接影响到拉萨市的城市社区治理水平的提高。管理人员的专业素质也直接决定着社区治理与服务的效率和成果，影响着社区工作水平和社区服务质量的提高。社区的决策活动和治理活动不能仅仅单纯依靠群众的自觉参与，必须要有具备一定专业技能的管理人员来组织实施。但是，通过课题组 2013 年 8 月对拉萨市多个社区的走访和调查得知，大多数的社区管理人员（主要是居委会工作人员）并没有专业的管理知识，也没有接受过系统的专业技能训练，甚至有一部分管理人员的学历在高中以下。在调研中获得的一组数据很能说明问题，接受抽样的拉萨市城关区 298 名村（居）干部中，高中以上文化程度的共 84 人（含本科 4 人、大专 28 人、中专 13 人、高中 39 人），高中以下文化程度的共 214 人，占总人数的 71.8%。这样的情况比以前虽有很大改善，但总体情况不容乐观，在这样的现实情况下，城市社区工作难以开展就不难理解了。

三　城市社区规划不尽科学合理，软硬件设施比例不平衡

城市社区规划是社区建设的重要一环，一个规划良好的社区不仅能提高居民的生活质量，而且能增加居民的认同感和归属感。近年来，拉萨市对社区规划工作已经越来越重视，以人为本的规划设计理念在一些社区的建设和治理中得到了很好的体现。但由于城市地理空间有限，经济总量和产业规模也十分有限，加之历史原因和民族宗教原因，使社区规划设计的质量和实施效果都受到很大制约。课题组查阅了 2010 年拉萨市城关区政府所编制的《拉萨市城关区社区建设与发展规划》以及 2010 年所完成的"拉萨市'十二五'重大课题研究报告"《拉萨市城关区社区建设与发展研究》等材料，发现在其社区规划中也存在一些突出问题。例如：偏重外在的自然景观和人文景观的设计，重视并斥巨资开展了社区居住环境的改善工作，建筑物人性化、个性化、民族特色化的设计，绿地面积的增加，景观设施的增加等，这些的确是拉萨市及城关区两级政府城市建设和发展理念的可喜变化与进步。但美中不足的是，拉萨市和城关区在城市社区

规划中却忽视了与居民生活质量密切相关的文化卫生娱乐设施的建设，如社区文化馆、图书馆、体育馆、医院等设施在部分社区还没有建设起来，有的社区甚至还没有将这些设施的建设纳入规划中，使社区资源没有得到有效的调配和充分的挖掘利用。据课题组的调查统计，整个拉萨市40个社区中只有不到一半的社区设有社区卫生服务中心，只有5个社区有社区医院；仍有40%的社区没有图书资料室和体育活动场所。例如：拉鲁居委会现只有一个小型的会议室，面积约为350平方米，内部设施也较为简单，社区还没有图书资料室。老社区（例如当巴社区、雪社区）面临着重新规划、重新设计和改建扩建的问题，如对过期的旧的基础设施进行更新换代的问题，改善文化娱乐设施条件的问题等。此外，拉萨市在城市社区规划设计过程中缺乏社区居民的民主参与，居民参与决策的积极性不高，使社区建设和治理的规划缺少广泛的群众基础和民主基础，从而直接影响到社区规划的科学性和可行性。所以，拉萨市在城市社区建设和治理的过程中，偏重于市政建设、基础设施建设等经济性的物化的硬件建设，却忽视了社区教育、社区文化、公共服务、公共道德等以"人"为中心的软件建设，造成社区实际工作中出现了"一手硬、一手软"的情况。

四 城市社区建设缺乏充足的资金保障，资源整合利用率低

首先，城市社区投资机制不健全，资金来源渠道单一，

各项事业缺乏充足的资金保证。一是城市社区建设工作的开展需要充足的资金，而目前拉萨市各社区建设资金来源渠道非常单一，对资源配置和整合的力量非常薄弱，这已经成为城市社区发展的瓶颈。拉萨市及城关区的各级财政给予各社区的年工作经费仅 20 万元，捉襟见肘，严重影响了社区各项工作的正常开展。二是城关区社区工作人员的福利待遇偏低，影响了他们工作的积极性和主动性。据课题组调查，随着社区基层干部承担工作量的大幅增加及拉萨市及城关区两级财政财力逐步增长，为了让广大社区基层管理人员获得更多的实惠，从 2007 年 1 月开始，拉萨市城关区再次提高了他们的误工补贴标准。例如："两委"书记和主任由每月 380 元提高到 800 元，副书记、副主任每月由 350 元提高到 600 元，委员每月由 300 元提高到 400 元，并首次把居民小组组长纳入发放误工补贴的范围，每月 100 元。但就目前他们的补贴标准而言，与他们承担的工作量和整个拉萨市城市居民平均收入水平以及社会消费水平相比较，还处在一个较低的水平。

其次，城市社区资源整合利用率低，发展后劲严重不足。城市社区可利用的资源很多，如果能够整合利用好，社区经济可以有一个较大发展，从而为社区建设积累资金，增强社区持续发展的后劲。当前，存在的主要问题是：一是拉萨市城市社区丰富的人才资源没有得到充分开发和合理配置，如何把社区内懂经营、会管理的人才充分利用起来，促进人力资源向人力资本转变是当前急需认真研究的新课题。

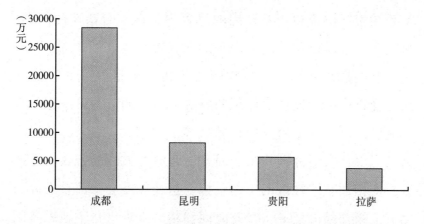

图 5 - 1 2010 年西南各主要城市社区基础设施总投资

二是城关区原老居委会的存量资产和新添置资产如何进行市场化运作，激活这些资源，使其实现最大限度的保值、增值。三是如何优化城市社区环境，提高社区品位，增强对外商和民间资源的吸引力，充分激活社区资金、技术、人才等可以增值的无形资产。四是如何推进服务产业化、网络化，拓展社区服务空间，增加社区经营性收入。

五　城市社区内外关系没有理顺，社会资源共享、共筑、共建力度不够

城市社区与社区内外各部门、各单位的关系协调如何、协作如何，对社区的发展前景有着十分重要的影响。这些关系包括：社区居委会与政府（主要是街道办事处）的关系、社区居委会与驻区单位的关系、社区居委会与业主委员会的关系、社区居委会与物业公司的关系以及社区自治组织与党组织的关系等。在拉萨市城市社区建设和治理过程中，这些

关系在相互协调和相互作用的过程中，存在着诸多的问题，影响着社区建设和治理工作的正常有效开展。

首先是社区居委会与政府（主要是街道办事处）的关系。受长期的计划经济体制的影响，政府的市场思维还不十分成熟，政府还是固执地将社区当成自己的"腿"，社区自治权力少，自治范围狭窄。而且，政府习惯性的行政任务摊派，变相加重了社区的工作负担，迫使居委会干部整天疲于完成上级交给的任务，没有时间和精力来独立自主地思考问题和解决问题。作为典型的民族地区的省会级城市，拉萨市的社会管理和社区治理还是一个新生事物，是一个城市治理体制和制度创新的系统工程，需要不断地探索、研究和实践。尤其是，目前拉萨市的社会组织发育不成熟，社会自治体系不健全，居民对社区治理意识不强，民主参与程度不高、内涵不深，社区自组织相互沟通、互助、交流程度较低，市场服务体系不够完善，居民对社区服务需求日益增长，而在社会保障程度不高的情况下，从客观上，更加需要各级政府高度重视和扶持，特别是街道办事处要直接引导和参与社区的治理工作，使政府机构在城市社区治理中发挥主导作用。

目前，拉萨市政社权责关系不是很清晰，突出表现在政社职能界定不明确，政社关系没有很好地理顺。从公共管理的角度来讲，不明确界定政社工作范围和工作职责，就不能清楚地划分哪些事情应该由政府和街道办事处各自独立承担完成，哪些工作应由政府或街道办事处主办，社区居委会只承担协助任务，哪些工作由社区居委会主办，政府或街道办事处给予指导、配合。随着拉萨市城市社区化管理进程的进一步加快，社区建设和治理工作全面展开，原有的社区居委会经过调整和扩建后，辖区内地域扩大，住户增多，住户结构和成分日趋复杂，社区治理和服务工作难度有所增加，社区居委会所承担的工作任务日趋繁重。更为严重的是，由于政府、街道办事处、社区居委会三者之间关系不清晰、权责不明确，政府、街道办事处等政府机构把许多不应该或不完全应该由社区居委会完成的任务交由社区居委会来完成，更进一步加大了社区居委会的工作量，加重了社区居委会的负担。据不完全统计，拉萨市的 40 个居委会的 201 名社区干部承担着 100 多项工作任务，主要涉及社区治安、社区教育、公共卫生、社会保障、社区文化、社会工作以及社区公共信息管理等近 30 个部门。凡涉及社区和居民的工作，大都通过街道办事处摊派到各居委会头上，特别是本来应该由政府机关承担的行政性工作也下压给社区居委会，使社区居委会疲于奔命、苦不堪言。俗话说"上边千根线，下边一根针"，政府部门的不适当行政行为，致使居委会承担着其职能范围之外的繁重的行政任务，居委会成为"准行政主体"，也不适当地行使了诸多的行政权力，耗费了大量的工作精力，阻碍了作为自组织自身职能的行使。

其次是社区与驻区单位之间的关系。拉萨市 40 个社区辖区内驻有中直、区直、市直、驻军、各类企业等近 200 个驻区单位，大多数单位对社区的性质、职权、组织机构、工作范围不了解，对它们所从事的工作也不认同、不重视、不支持、不参与。一些驻区单位甚至不把社区放在眼里，认为本单位的职工住宅小区属于本单位的内部事务，居委会不该管，也无权管；更有些单位片面地认为社区就是一般的非政府机构或纯粹的福利性机构，与社区开展共建工作就是向社区捐款，就是开展扶贫工作。

另外，在城市社区体制内部，社区居委会还要处理好与业主委员会和物业公司的关系，处理好自治组织与党组织之间的关系。理顺这些组织之间的关系，需要进行街道、社区的管理体制改革，同时在社区内部加强组织建设、制度建设，才能发挥社区内各组织的整体功能，取得综合效益和整体效益。

第二节　拉萨市社区居民参与社区治理的积极性亟待提高

首先，城市社区居民归属感不强。我国实行的是一套行政权能式的广义的"地区管理"，这体现在人们的经济生活、政治生活、文化生活和社会生活等各个方面。居民对原工作单位仍存在一定程度的依赖，有的还相当严重，"单位人"向"社会人"的角色转变困难。恰恰相反的是，居民对社区的认同感、归属感较弱，民主参与意识没有真正培育起来。社区既缺乏现成的社会自治组织来组织群众，也缺乏一定的社会资源积累来动员群众，不少居民认为社区工作仅仅是街道、居委会的事，与己无关，绝大多数居民很少参与社区事务的治理。

其次，社区民主气氛不浓，居民群众自主参与社区治理的意识不强、积极性不高。社区参与泛指社区成员参与社区公共事务和社区公共活动，影响社区权力运作，分享社区建设成果的行为过程。广泛的社区参与是决定社区建设与城市基层民主化程度的本质问题，它是社区治理的民主基础和群众基础，是实现社区治理由外源型行政推动向内源型自治发展的关键，也是社区建设和发展的原动力。据课题组调查发现，拉萨市社区的民主参与还存在许多问题，具体表现为：

一是整体参与不足，民主参与的深度和广度都不够。这种不足主要表现在参与主体上呈现出明显的单一性，参与内容上呈现出明显的非广泛性，参与形式上呈现出明显的简单化。根据课题组的调查，拉萨市社区参与主体主要集中在中老年群体、离退休干部、家庭妇女、热心公益事业的群众甚至是儿童群体，这些群体占到参与主体总数的95%以上。参与的范围非常有限，仅仅是一些简单的健身娱乐活动、文体活动和社区组织的公益活动。另外，由于社区人口基数大，现有的社区参与人数占社区总人口比例低，只有20%左右。大部分居民不会积极主动地参加社区建设和治理活动，特别是民主决策、民主选举、民主议事等活动，最多的是在得到邀请的情况下，才有可能被动式地参与一些社区的建设与治理活动。

二是非政治性参与是目前居民参与的主流。城市居民参与的社区事务治理工作大多不具有政治性，或与政治的关联度不高，其参与项目大多是诸如社区文化活动、社区卫生、组织治安联防队、动员捐衣捐被等非政治性活动。而政治性参与基本限定在选举社区居委会组成人员，主要是由社区成员代表投票选举，且三年一次，政治参与的规模有限，广泛性、代表性都非常不足。这就使得社区公共事务的决策和执行、社区建设与治理规划的制定与执行等重大问题的解决得不到公众的智力支撑和舆论支持。

三是被动式执行性参与是当前城市社区居民民主参与呈现出的主要特点。目前拉萨城关区社区居民的民主参与不是出于自愿、主动，参与的动机不是想要达到公共性的目的，一般都是在有关组织或社区工作人员的动员、邀请、说服下才参与。对于社区居民来说，能否有机会参与社区事务民主管理的前提和关键在于是否能够得到邀请，而社区的居委会只是在感到有必要了或是政府部门有要求的情况下，才向社区居民发出邀请，居民的参与完全处于被动地位。同时，城市社区居民参与的形式也主要是执行社区管理机构业已形成决定的事项，比如参加社区居委会组织的各类活动、开会听取社区居委会或街道有关本社区工作的通报、部署等，没有触及社区治理事务的决策咨询以及社区公共权力的运行监督等若干领域。

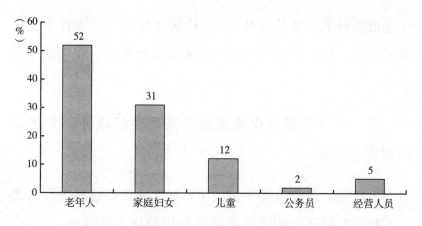

图 5 - 2　拉萨市城关区社区参与主体分布

第三节　拉萨市社区文化建设与文化大发展、大繁荣的目标要求存在差距

一　城市社区文化活动的载体略显单一，内容不够宽泛

这里所说的社区文化一般是指以开展群众性活动为平台的文化形式，它是社区成员在生活、学习、交往、娱乐、经营等过程中产生的，并能从实际上反映出社区的精神面貌、道德风尚、人际关系模式等文化特征的文化活动形式。如内地城市社区经常开展的社区文艺表演、书画展览、服装表演、棋牌比赛等群众性的社区文化活动。目前拉萨市城市社区文化活动的主要形式是为庆祝节假日而举行的传统歌舞演出、文艺表演以及社区内一些简单的文娱体育活动。虽然近

年来也组织了"文艺进社区"、社区文化节、社区青年文化节等活动，但其在社区居民中的影响力以及社会反响都十分有限。

二 城市社区文化设施建设重硬件轻软件，文化资源配置不平衡

近年来，拉萨市逐步加大了社区文化基础设施的投入力度，特别是社区文化建设的硬件设施条件不断改善。例如：拉萨市在社区内修建了 1 个文化馆、5 个文化站、7 个文化室、3 个社区文化苑、4 个乡级文化站和 11 个村民小组文化娱乐场所等文化基础设施。同时，为了满足社区居民参加文化活动的需求，拉萨市先后投资 59 万元，对辖区内 11 个村级文化室和 40 个社区居委会文化室进行了改扩建，添置了一批文化设施，例如：给每个社区的文化室配备了电脑、书架、图书、桌椅板凳、家庭影院等。但是，搞好城市社区文化建设工作，为社区文化事业的开展创造良好的环境、提供便利的条件，不仅要在硬件的投入和建设方面下功夫，更需要在社区文化发展的体制机制建设、队伍建设、管理制度等软件上下功夫。例如：在各社区，需要建设一支政治素质过硬、文化素养较高并具有一定专业水平的文化宣传队伍；需要制定较为完善的社区文化事业发展规划，建立健全较为科学、合理、可行的社区文化管理体制机制等。这些都是拉萨市社区文化事业大发展、大繁荣不可或缺的软件因素，必须加以建设和完善。而现实的情况是，拉萨市城市社区文化管

理专职干部、文化骨干成员数量普遍较为缺乏、质量普遍不高，更缺乏社区文化发展的远景规划，缺乏社区文化事业管理的体制与机制。

三 城市社区文化资源尚未有效整合和充分利用，没有形成整体力量和规模效益

由于受长期计划经济体制和思维模式的影响，"单位制"结构的社会组织形式下所形成的体制、机制以及固化的社区治理模式，无形中给社区文化建设资源实施共享设置了重重障碍，使社区文化建设资源难以得到有效的整合和利用，整体力量难以发挥，规模效益难以形成。拉萨市作为我国西部边疆民族地区的省会级城市，市场经济发育程度较低，再加上受特殊地理因素、民族因素和宗教因素的影响，文化资源整合和使用上的落后性表现得尤为突出。一是资源开发利用不到位。条块分割的治理体制造成了对社区文化资源的所有权、管理权、使用权、处置权偏重于集中，主要掌握在政府及其职能部门的手中。拉萨市作为西藏自治区的政治经济文化中心，又是自治区政府所在地，驻有军、政、企等200多个单位，有些单位拥有一定的文化资源，却由于体制的问题、资源归属的问题甚至是担心安全稳定的问题，而不能向社区居民开放，造成文化资源闲置甚至是浪费，使之得不到有效的开发和利用；另外，拉萨市城市社区文化资源从绝对量的角度来讲以及与社区居民需求的相对量来看，社区文化资源又具有稀缺性。究其原因，主要是拉萨市城市社

区文化资源以政府供给为主，投资主体单一，投资渠道狭窄。同时，在文化资源的利用形式上，也存在着"三多三少"现象，即：对有形资源重视多，对无形资源利用少；对现实资源使用多，对潜在资源挖掘少；对自家资源管得多，对盘活资源利用少。城市社区文化资源的开发利用方面，缺乏有效法制手段加以调整和规范，利用社会资源时还存在看领导关系、讲个人感情，一旦主要领导发生变化，政策措施执行就不连续的现象。二是城市社区文化设施建设规划落实不到位。由于尚未摆脱计划经济模式和人们所固有的思维定式，规划新的社区或特定的功能区域（如各类、各级别的经济技术开发区）时，缺乏高起点的综合平衡，依旧条归条、块归块，很难由主管部门牵头，会同几个职能部门共同商议，街道也难以协调。如拉萨市城关区 40 个社区中只有不到 10 个社区设有社区文化服务中心，只有 5 个社区有驻区文化站；有超过一半的社区没有图书资料室和体育活动场所。因此，在城市社区文化建设上，表现出社区的整合性较差、各自为政、功能设施在低水平上重复循环的特征，缺乏更多的创新与特色。

四　城市社区文化建设的主体单一，群众参与意识不强

社区文化建设参与是指社区居民积极参与社区文化建设事务和管理活动，影响社区文化事业发展，享有社区文化建设成果的行为过程。广泛的社区文化建设参与是社区

治理和建设的重要元素，也是推动城市社区各项事业发展的基础。拉萨市城市社区文化建设主体在参与的过程中主要存在以下几个方面的问题：一是整体参与不足，参与的深度和广度不够。参与不足主要表现在参与的主体不具有广泛性、内容不具有深入性。根据课题组在拉萨市城关区开展调查的结果显示，城市社区文化参与的主体，前三位依次为中老年群体、家庭妇女和儿童群体，这些群体占到社区文化参与主体总量的80%以上。但是从参与的内容上看，目前还仅仅限于一些初级的文娱、体育等活动，而对于一些科技、卫生、法制宣传等社区文化活动则参与很少。同时，城市社区文化活动主要服务对象的范围也非常有限，主要为本社区内的常住居民，未能充分考虑到社区内大量流动人口对文化服务的需求。近年来，随着拉萨市社会经济的不断发展，外来务工人员的数量越来越多，但如何增加他们的城市归属感，如何使他们融入城市的主流文化，是摆在城市管理者面前的一个重要的现实问题。但根据我们对流动人口的实地访谈，觉得他们对社区的归属感和认同感都很薄弱，很难积极地以主人翁的姿态参与社区文化活动。二是部分社区居民对参加社区文化活动的重要性认识不足，文化参与意识不强。很大一部分社区居民认为是否参加社区文化活动对他们来说没有影响，他们没有认识到自己既是社区文化的创造者，又是社区文化的受益者，也没有认识到社区文化的感召力、生命力最终取决于他们的认同感和参与度。

五　城市社区文化主管部门不明确，职能界定不清晰

目前，拉萨市社区文化建设和管理没有明确统一的责任部门，条块分割，职责范围不清，尚未形成较为严密的领导、管理和服务的体系。宣传部、文明办、文化局、民政局、科技局、教体局、妇联、老龄办等单位都在介入社区文化建设，并都在按照各自的归口进行管理，但都是在自身的职权范围内各管一段，缺乏统一规划和协调，联动机制没有形成。这种领导体制和组织机制造成了城市社区内的社会文化资源难以形成共享，难以形成 "1 + 1 > 2" 的社会经济效益。

第四节　拉萨市社区公共服务事业发展相对落后

首先，部分城市社区基础设施建设相对落后，难以满足社区发展和居民生产生活的需求。拉萨市政府虽然近几年不断增加对社区建设和治理的财政投入，社区各种硬件设施条件不断改善，但是，由于受各种因素的制约，一些社区的公共设施仍然较为落后。例如：部分社区办公和文体活动建筑面积小，办公地点分散、设施简陋、功能单一，难以满足广大社区居民尤其是离退休职工回归社区后的生产和生活的基本需求。主要原因在于两个方面：一是各级政府财政方面确有困难，投资渠道单一，缺乏健全的多元性投资机制。据统计，拉萨市市级财政2006~2010年累计投入约7800万元用

于社区基础设施建设和改造，其投入总量还不到成都市的1/9，和西南地区另外两个省会城市昆明和贵阳相比较，差距也很大。二是理念上的问题，个别行政主管部门在社区建设和治理上舍不得投入或不知道往哪方面投入。个别职能部门和社区固有的"等、靠、要"的思想根深蒂固，在资金投入上缺乏利益驱动，积极性和主动性都不高。因此，在城市社区发展资金的投入和筹措上，必须坚持政府投入与社会筹集有机结合，向多元化筹资和融资方向发展。

其次，在拉萨市城市社区服务方面，服务产品单一，服务功能不齐全，服务水平和服务质量都亟待提高。主要表现在以下两个方面：一是城市社区服务组织发育不成熟，难以进行全方位的覆盖。主要表现在，拉萨市城市社区内一些服务设施和资源还没有充分利用。政府对社区服务组织的法律地位和法律资格缺乏相应的制度规范，政策扶持和资金扶持的力度不够，使一些社会发展急需的社区服务组织自身的建设和发展缓慢，服务社区的作用也不能得到有效的发挥，政府转移的社会服务职能也不能得到有效的承接和担当。二是由于受特殊的市场环境和行政环境的影响，拉萨市城市社区服务组织自身也缺乏造血功能和发展后劲，只有靠外界的推力才能得到建设和发展。

同时，社区服务建设是包括社区文化、社区教育、社区卫生、社区治安等多项内容的系统建设，而拉萨市城市社区服务功能不完善，难以满足社区居民日益增强的社区服务的需求。目前，拉萨市城市社区服务逐步形成了以街道为主体、居委会为依托、社区服务组织为骨干、社区内外成员共同参与的服务网络体系。在这个基本框架内，各服务主体按照各级的职责和分工，开展互助性的服务活动，为社区居民提供物质生活和精神生活的各种服务，以满足社区居民不断增强的需求，这种社区服务从总体上讲，应该还是一种社会公益性事业，不具有营利性和商业性。总之，拉萨市城市社区服务从启动直至发展到今天，主要呈现出了福利性、区域性、群众性、互助性、服务性等特征，在社区发展过程中虽然较好地发挥出了黏合功能、应急功能、解难功能和稳定功能，为社区服务实现产业化发展奠定了较为扎实的基础，但是还不能完全满足各族社区居民日益增长的物质文化生活的需要。

经济体制改革和社会转型，随之而来的是社会阶层的调整和分化以及利益的多元化，最终导致处于不同阶层居民对社区服务要求的多样化。城市社区服务组织、服务对象、服务项目的多样化和复杂化正是适应了这一形势变化的需要。但是，目前拉萨市的城市社区服务存在的主要问题仍然是服务功能单一、分散，对社区建设的带动作用尚未充分发挥。虽然拉萨市社区服务业的内容、形式较之以前有了很大的改善，但是总体服务水平参差不齐，社区服务质量不高，主要停留在一些传统的服务项目上，服务内容单一，服务形式简单，服务功能很不健全。从目前的情况来看，拉萨市城市社区的功能主要体现在社区服务上，即为老年人、残疾人、青少年提供社会福利服务，为居民提供家务劳动、文体活动等便民利民服务，而且服务对象重在有困难的人群，这些只能是基本的城市社区服务类型。总之，拉萨市城市社区服务水平和服务质量不高的问题还没有从根本上改变，这势必影响社区各族居民群众对社区的认同。

从总体上看，拉萨市发展社区服务业的主要困难在于资金不足，社区服务业缺乏有效的政策引导和科学的发展规划，社区服务产业化进程缓慢；全面覆盖社区服务信息网络体系尚未形成，社区服务、社区社保、社区治安、社区卫生、社区文化、社区教育等各项功能在社区进行整合还需要进一步加强。随着拉萨市政府行政管理体制改革加快和职能转变幅度的加大以及住房、医疗、养老、就业等诸项改革的深入，城市社区必须增强功能，在服务和管理、居住环境、文化娱乐、医疗卫生、劳动就业、社会治安等方面全方位发挥作用。特别要指出的是，拉萨市城市社区就业功能也要有待提高。在当前和今后相当长的一个时期内，城市下岗失业人员大规模向第三产业转移，改善城市社区就业环境，拓展社区就业空间是适应新形势发展的必然要求。

第五节　拉萨市社区基层党组织的战斗堡垒作用尚未发挥

当前拉萨市城市社区基层党组织建设虽然取得了相当大的成绩，但是拉萨市各级党组织也应该清醒地认识到在社区基层党组织建设方面，仍然存在一些问题和不足。主要表现为：一是城市社区基层党组织的战斗堡垒作用和党员的先锋模范作用没有得到充分发挥。社区基层党组织由于自身建设的力度不大、成效不是非常明显，社区党员由于自身的素质、能力等原因，严重影响了他们发挥组织的力量以及带领社区各族居民群众致富奔小康的决心和信心。二是离退休干部职工党员和非公有制经济组织党员管理缺位。以拉萨市城关区为例，城关区有5个居委会居住的90%以上的居民都是离退休干部职工，这些居民中大部分党员的组织关系和户口在原单位，人户相分离，党员身份与档案关系相分离，给社区居委会开展党员的登记和管理造成了很大困难。三是流动党员管理不到位。由于流动党员以个体流动为主，行踪无常，教育管理难以落到实处，导致无论流出地还是流入地党组织，都无法进行正常管理。四是城市社区基层党组织队伍建设缺乏力度，在政治生活中的作用有待加强。城市社区基层党组织是党在社区全部工作和产生影响力和战斗力的基础，是社区各级各类组织和开展各项工作的核心力量。同时，城市社区基层党组织还是直接联系群众、宣传群众和组织群众的桥梁和纽带，能够反映社情民意、反映社区居民利益和诉求，并把党的路线、方针、政策贯彻落实到基层的桥梁和纽带。但是，在拉萨市这个社情最复杂、反分裂斗争任务最艰巨的前沿阵地，承担着重要维稳任务的城市社区党组织的凝聚力和战斗力尚未充分发挥。因此，只有加强城市社区基层党组织建设，提高基层社区党员的综合素质，增强他们对达赖集团披着宗教外衣从事分裂祖国、破坏民族团结的

鉴别能力和应对能力，并充分发挥基层党组织的领导作用和
广大党员的示范作用，才能领导和团结基层社区群众赢得反
分裂斗争的胜利，从而实现拉萨市社会的全面稳定和长治
久安。

第六节　拉萨市社区治安和公共危机管理环节薄弱

　　首先，拉萨市城市社区治安综合治理工作存在一定问
题。城市社区治安的综合治理是指各部门协调一致、齐抓共
管，依靠广大人民群众，运用多种手段，防止和减少城市社
区内违法犯罪和一般治安事件的发生，为居民创造一个安定
有序的社会环境，实现社区安全。城市社区治安不仅是一个
重大的社会问题，也是一个重大的政治问题，我们要从改
革、发展、稳定的高度来充分认识加强城市社区治安综合治
理的重要性。目前，拉萨市城市社区治安的现状并不十分理
想，有些工作还有待改进。拉萨市市区情况复杂，主要表现
在：第一，拉萨市市区是少数民族聚集的城市区域，城市社
区内常住居民有 97% 左右是少数民族，并且他们大多具有
独特的宗教信仰（例如：藏族主要信奉藏传佛教，回族主
要信奉伊斯兰教），这就形成了一种不同于内地的社会现
状，决定了拉萨市城市社区治理和建设不能完全照搬内地的
模式。治安防范工作也具有一定的特殊性，不能完全借鉴内
地城市的经验。第二，青藏铁路通车以来，内地以及国外来

西藏旅游的游客数量不断增多，在客观上促进了西藏自治区的经济和社会发展，也吸引了大批的流动人口来西藏就业和发展。由于流动人口的急剧增加，给拉萨市所辖各个街道、社区的治安工作带来了巨大的挑战和困难。第三，随着西藏城市化或城镇化进程的进一步加快，拉萨市市区周围开始出现所谓的"失地农民"，如果政府没有妥善地安置他们，没有了土地的农民只是拿着用生产资料换来的钱维持生活，从某种程度上讲，这也是拉萨市城市社区治安工作的一个隐患。虽然拉萨市在城市社区广泛开展了网格化管理，社区网格覆盖率已经达到了100%，遍布社区的110便民警务站有135个，为拉萨市城市社区的安全和稳定提供了强有力的保障，但由于城关区的便民警务工作起步晚，工作经验不丰富，警务工作的覆盖面有限，制约了城市社区综合治理工作的有效开展。主要表现在这几个方面：一是警力相对不足，难以适应新形势下拉萨市城市社区维稳和治安管理的需要。当前拉萨市城市社区情况复杂，社区维稳和治安形势严峻，工作任务十分繁重，需要相当数量的警力才能切实搞好基层社区的维稳工作和治安工作。但是从调研的情况来看，目前拉萨市城关区40个社区在一定程度上存在着警力不足的情况，治安工作人员超负荷承担工作的现象仍然存在，与实际工作需要仍存在一定的差距。因此，只有具备了充足的警力保证，才能有效开展城市社区治安综合治理和维护社会稳定的工作，例如城市社区的法制宣传和教育、矛盾纠纷的排查调处以及协助公安机关搞好暂住人口登记管理和上级交办的维稳工作等，这些基础性的工作千头万绪，任务十分庞杂、繁重，需要大量的警力才能协同完成。二是城市社区警务工作同社区居民联系还不是十分紧密，群防群治、综合治理的局面尚未完全形成。城市社区警务工作是以城市社区为基础的，其为社区需要和为社区居民服务的宗旨决定了社区警务必须立足社区，直接为社区居民服务。因此，我们认为城市社区警务工作要主动融入社区之中，与社区结成亲密的伙伴关系，掌握社区的实际情况及居民的要求和愿望。特别是在拉萨市城关区这个反分裂斗争的前沿阵地，与城市社区居民开展联防、实现综合治理尤为重要。

其次，城市社区公共危机管理体制机制还不是十分的成熟。世界卫生组织把全球人口不断增长而资源越来越有限时，社区越来越容易遭受各种应急事件和灾难的危险，称为社区公共危机。而在现在的西藏，经济结构和社会结构深刻变动，利益格局深刻调整，思想观念深刻变化，社会发展明显呈现出多样化或多元化的新特点，这为维护社会稳定带来了新的挑战；同时，由于特殊的矛盾（各族人民同以达赖集团为代表的分裂势力之间的特殊矛盾）的存在，预防达赖集团的分裂和破坏活动是城市社区公共危机管理工作的又一重点。"3·14"事件的发生也在一定程度上反映出基层政府在应对公共危机上的能力不足，尤其是对城市社区公共危机管理缺乏必要的关注，不能及早发现问题，社区也没有完备的切实可行的应急预案，最后导致事件发生时不能积极、主动、有效地应对和处置。概括地讲，拉萨市城市社区公共危机管理工作存在的问题主要有以下几点。

第一，监测和预防工作的力度还有待加强。城市社区公共危机一般具有突发性、不确定性和社会性三个特点，因此危机一旦爆发，便会给社会带来难以预测的巨大损失。所以，在公共危机爆发之前将其消除于摇篮之中是处理危机最理想的方法。而如何最大限度地避免公共危机的发生，最重要也是最有效的就是做好公共危机的监测和预防工作，以消除公共危机的根源、保证社会秩序的平稳，并减少公共资源的浪费。但是在拉萨市，由于对公共突发事件的预警工作起步晚，资源投入少以及其他一些原因，导致城市社区的监测和预防机制部分缺失，影响了对公共突发事件的有效处置。

第二，公共危机的特点要求我们必须建立一套有效的应对社区公共危机的应急预案。社会性公共危机的发生通常是有其发展规律的，第一阶段是预警期，即会出现各种明显或不明显的前兆。如果监测和预防工作到位，就可以在其爆发之前及时发现，然后运用各种手段排查处理，将其消解于无形。当然，这是最好的也是最理想的处理方法。但是在现实生活中，很多时候由于各种原因，并不能达到这种理想状态，很多公共危机还是爆发了。这时候，我们就寄希望于能及早发现危机，并快速地弄清楚其发生原因，同时启动应急预案，尽最大努力将危机的社会影响和社会损失降至最低。在这个过程中，最核心的工作是应急预案，只有科学的、行之有效的预案才能切中危机要害，快速起作用，快速解决问题。在拉萨市，由于对公共危机的研究还不够深入，公共危机管理机制还不够成熟，危机预案并不十分完善，还不能有效地切合实际。因此，比较科学的做法应该是，首先要站在现实的位置上分析和研判面临的潜在公共危机，并分析其可能性及可能造成的影响，在此基础上设立常设机构，提高各方防范能力，并最终制定出实际可行、富有成效的行动预案。

第三，城市社区公共危机管理的硬件、软件建设相对滞后。"工欲善其事，必先利其器"，一套行之有效的危机应对预案必须要有必要的条件支持。没有相应的硬件与软件，预案只能是纸上谈兵；但有了相应的条件，二者就是"1＋1＞2"的关系了。当前，拉萨市城市社区公共危机管理的硬件建设存在的主要不足是没有一套权威的信息预警、研判和发布机制。从传播学来说，在信息高度发达的社会里，市民接收信息的渠道越多，越容易出现误传、谣传。当谣言迅速蔓延和传播的时候，控制谣言的方法不应只是控制谣言散布的渠道，因为在事实上，随着传播媒介的多样化和传播渠道的提速，要完全截断谣言的传播渠道是不可能的。而平息谣言的最好办法，也是最直接的办法莫过于政府部门公布事实，发布权威信息。政府的权威信息传播得越早、越多、越准确，就会避免引发群众不必要的恐慌，也就越有利于维护社会稳定和政府威信。而软件建设方面存在的主要不足，是在增强城市社区民众公共危机防范意识和减少盲目从众心理上。不可否认，现在西藏各级政府在宣传维护祖国统一、反对达赖集团的分裂活动以及对普通民众的民族团结、爱国主义的教育是卓有成效的，但是公共危机的范围很广，不仅包括社会性的，还有自然性的。近年来，国内外的一些突发事件，比如SARS、汶川地震、日本福岛核辐射等都引起了民众的盲目与恐慌，这也给拉萨市的社会管理机构和管理者提了个醒，要在增强危机防范意识以及应急管理培训上下大力气。此外，还应该关注并解决、改善的问题还有很多，比如如何在危机管理中发挥媒体的作用、如何有效地整合资源并成立专门应对危机的常设机构以及加大资金投入等问题。通过上文的分析可以看出，拉萨市的城市社区公共危机管理工作任重道远，还有很长的路要走。

总之，城市社区是城市社会运行的基本单元，是密切政府与群众联系的重要桥梁，只有我们进一步把城市社区工作做深了、做细了、做实了，把城市流动人口管理好了、服务好了，才能最大限度地把各种矛盾化解在基层，把各种问题解决在基层，特别是在基层社区，才能在广大各族人民群众中筑起反对分裂、维护稳定的钢铁长城，才能有效地抵御达赖分裂集团的渗透破坏，确保社会局势的长治久安。

第七节 拉萨市社区环境建设与创建文明城市的要求不相适应

所谓城市社区环境是相对于作为城市社区主体的社区居民而言的，也就是城市社区范围内一切与居民生活密切相关的，社区主体赖以生存及社区活动得以产生的各种环境因素对社区的影响。城市社区环境对于社区建设和治理有着重要的意义，一个社区有了良好的环境就能够促进社区的建设和发展，反之则会使社区建设难以进行。改革开放以来，尤其是青藏铁路开通以及中央第五次西藏工作座谈会召开以后，西藏的国民经济得到了极大的发展，人民的生活水平也逐步提高，社区环境也越来越为人们所关注。因此，拉萨市城市社区环境建设在近几年得到了长足的进步，一系列政策和措施的出台以及社区公共设施的建设和完善让社区面貌越来越漂亮，社区环境越来越优美。城市社区环境建设成绩固然可喜，但拉萨市作为西藏自治区的首府城市，作为一个重要的世界旅游目的地，城市建设和发展目标定位极高，城市社区环境就是拉萨市乃至整个西藏自治区的脸面，所以必须以高标准来衡量，要客观地认识到自身的不足：

第一，部分城市社区的卫生状况有待改善。首先，环卫配套设施总量不足。环卫配套设施是搞好社区清洁卫生环境建设与管理工作的物质基础，环卫设施的不足会制约社区环卫保洁水平的提高。目前拉萨市不少社区存在环卫配套设施供给不足的问题，例如垃圾堆放点缺少等。其次，环卫设施布局不合理。拉萨市城市社区存在环卫设施布局不合理的现象，如部分社区在人流集中的街道或十字路口的附近没有设置垃圾桶，这样就无法从根本上解决随意丢弃垃圾的问题。再次，社区卫生整治政策落实不彻底。政府有关部门制定了一系列的规章制度来管理卫生环境，但缺乏监管，致使比如乱贴滥画、乱扔滥倒、占道摆摊，甚至随地大小便等现象还没有得到根治。

第二，部分居民环保意识薄弱。在城市社区环境建设中，社区居民是否关心卫生和环境、建设优美家园的意识和积极性强不强是搞好社区环境建设的关键因素。城市社区里大部分的环境问题一直得不到改善，其根本原因就是居民爱护小区环境的意识没有真正树立起来，长期以来形成的"事不关己，高高挂起"的思想没有得到根本转变。结合拉萨市城关区社区环境卫生治理工作来究其原因，不外乎三点：一是随着社会向现代化发展，拉萨市城关区城市化或城镇化的进程也不断加快，这不能说是坏事，但城市化带来的钢筋水泥和高楼大厦阻隔了邻里之间的沟通和交流，导致人与人之间感情的淡漠，加上不断加快的生活节奏，进而使得社区居民只把目光放在自家院子里，而忽视了整个社区的环境；二是政府有关部门的教育和宣传力度不够，以及民间环境保护组织发展不成熟，这些硬伤使社区居民没有意识到"大家"的存在，也就养不成较强的环保意识；三是现代化和工业化给人们带来了极大的方便，也让人们享受到了高质量的物质生活，但却给环境带来了极大的压力。比如塑料袋、食品和其他物品的包装袋等白色污染充斥在城关区的社区及郊区的大街小巷，而拉萨市城关区地处高原，生态环境十分脆弱，一旦被污染就很难恢复。另外，拉萨市城关区政府的"限塑令"也执行得不尽如人意，塑料袋的替代品尚未广泛使用。归根结底，拉萨市城关区城市社区卫生环境不尽如人意，主要还是由于社区居民消费不科学、环保意识不强所造成的。

第三，城市社区环境建设资金投入不足。要建设一个美丽的城市，首先是要把这个城市里的各个社区环境建设好，社区环境是整个城市环境的基础。拉萨市近几年一直在致力于"六城同创"工作（全国文明城市、国家卫生城市、国际旅游城市、全国双拥模范城市、国家环保模范城市、国家生态园林城市），拉萨市和城关区两级政府在为改善城市环境特别是城市社区环境方面已经投入了相当多的资金，但客观地说，这些资金并不能给各个社区环境带来根本性的改变，因为这些资金经过分摊，落实到全部 40 个社区就不多了。尽管城市社区环境建设的资金主要是靠政府财政投入，但也不可能完全由政府拨款来解决，这就引出了另一个问题，即：社区本身造血功能太弱，资金来源渠道太窄。在拉萨市这个具有一定知名度的世界旅游目的地，社区通过自己的方式来获得一部分建设资金是完全有可能的，但是目前有些社区干部存在着"等、靠、要"的思想，完全把担子压在政府肩上，而不是千方百计地通过各种途径筹措社区环境建设资金，这也是导致城市社区环境建设资金不足的一个重要原因。

总之，良好的城市社区环境和人居环境既是衡量城市物质文明和精神文明建设水平的重要标志，也是衡量能否满足人们日益增长的物质文化生活需要、提高生活质量、向小康社会乃至富裕社会生活方式迈进的重要标志。拉萨市城关区建设良好的社区环境和人居环境不仅能为人们提供安全、舒适、方便、清洁的生活空间与氛围，还能改善城市的总体风貌、提高城市的文明程度，这也是为拉萨市的"六城同创"做贡献，具有明显的社会效益、环境效益和经济效益。所以，在城市社区充分发挥自身的主观能动性的同时，各级政府也要不断加大财政投入的力度，要下大力气来建设和改善城市社区的环境。

第八节　拉萨市新的社会矛盾给社区治理带来亟待破解的难题

首先，是拉萨市城乡接合部社会工作方面。一是农村城市化或城镇化进程中失业农牧民就业难问题。拉萨市辖区内区属企业少，小商户基本趋于饱和，城市待业、失业人员数量相对较多，大中专毕业生已经部分或即将完全推向市场，自主择业，外来务工人员的人数也呈上升趋势，导致劳动力供给与需求的矛盾已经出现并呈逐步扩大趋势，亟须大量就业岗位，城市就业存在很大压力。二是政策衔接不到位，失地农牧民权益得不到充分保障。征用农牧民土地的补偿标准不明确，失地农牧民因户籍问题无法及时享受城镇居民社会保障政策，现有安居工程远不能满足失地农牧民现实需要。三是失地农牧民产业转移进程缓慢，农牧民增收渠道相对狭窄。失地农牧民在没有实现充分就业的情况下，其生活来源主要依赖土地出让金和村（居）办经济实体的分红等。因此，村（居）集体资产特别是巨额的土地出让金如何实现增值效益及其归属和使用等问题，是失地农牧民关注的"焦点"。四是城乡一体化配套设施较为滞后，农村新社区建设亟待规范。在城乡一体化进程中，被征地村进行"撤村建居"，其原有规划和相关配套设施滞后，与城市现代化发展不相适应。

其次，在推进和谐社会建设、打牢维护稳定和反分裂斗争的社会基础的工作上存在一定的难度。拉萨市城市化程度相对较高、人口密度大、人员流动频繁、社情复杂，同时由于特定的历史和社会原因，使得拉萨市的和谐社区建设和治理存在着一定难度。尤其是"3·14"事件的发生，更是让我们意识到作为西藏自治区首府的拉萨市，在维护社会稳定和反分裂斗争的工作上面临着巨大的挑战，同时这也暴露出了基层政府在改革发展中重经济轻社会、重建设轻治理等方面存在的问题。城市社区是维护社会稳定最基层，也是开展反分裂斗争的第一线和前沿阵地，因此全面加强城市社区治理和城市管理工作对于西藏的发展、改革、稳定有着十分重大的意义，也是维护社会稳定、巩固党的执政基础的迫切需要。

另外，诸如贫富差距的扩大和贫苦人口问题，流动人口的合理安置及流动人口中的儿童教育问题，扩大就业与再就业问题，妇女儿童权益保障问题，老龄人口的服务以及残疾人和其他社会边缘群体的救助问题等，这些问题如果处理不当，必将增加城市社区的不稳定因素。

第六章　拉萨市加强社区治理工作的
　　　　对策与建议

第一节　拉萨市加强社区治理工作的
　　　　　主要任务

　　西藏自治区党委书记陈全国同志在调研拉萨市城市社区建设工作时指出：全区各级党政组织一定要把城市社区建设工作列入重要议事日程，进一步明确城市社区建设的方向、目标要求和原则，逐步建立健全工作机制，不断完善各项规章制度；要坚持以科学发展观为指导，按照"民主法治、公平正义、诚信友爱、充满活力、安定有序、人与自然和谐相处"的要求，以服务群众为重点，以居民自治为方向，以维护稳定为基础，以文化活动为载体，以坚持和完善党的领导为关键，推进科学发展，促进社会和谐，努力把社区建设成为和谐西藏建设的坚实基础。按照这个要求，结合拉萨市经济社会发展的现实与特点，我们认为拉萨市城市社区建设和治理的主要任务在于以下七个方面。

一　切实搞好城市社区党建工作，为建设平安和谐社区提供组织保证

要积极主动把城市社区党建工作融合到社区治理活动中去，深入到拓展社区服务、搞好社区治安的具体工作中去，渗透到繁荣社区文化、改善人居环境的实践中去，不断增强社区党组织在居民群众中的凝聚力和号召力；另外，广大社区党员要以党的群众路线教育实践活动为契机，不断增强服务各族居民群众的意识，始终保持先进性和纯洁性，在建设和治理城市社区的进程中发挥先锋模范作用。

二　切实完善城市社区居民自治，积极推进基层社会民主

要完善城市社区居民民主选举制度，保障各族居民群众的选举权和被选举权，驻区各单位应积极支持参与选举活动；要完善居务公开制度，接受居民监督，保障居民群众的知情权；要完善居民会议制度，涉及居民利益的重大决策应及时听取居民群众的意见，保障居民的参与权；要完善民主监督制度，组织居民有序开展与其日常生活紧密相关的公共服务工作的监督评价活动，保障居民的监督权。

三　切实加强城市社区管理，提高基层社会治理水平

要充分发挥居民会议、居民委员会、居民小组在社区建

设和治理中的主体作用，加强城市社区居民自我管理能力；要大力指导和引导驻区单位、物业管理机构和社区民间组织积极参与社区事务管理，充分发挥各类机构和组织在社区管理中的作用；要注重推进现代信息技术在社区建设和治理中的运用，实现社区办公、服务管理的自动化、现代化，不断提升新型现代社区的管理水平。

四　切实拓展城市社区服务范围，提高社区居民生活质量

要积极开展面向社区居民的便民利民服务，开展面向特殊群体的社会救助、社会福利和优抚保障服务；要充分发挥行政机构在城市社区服务中的作用，切实加强政府对社区服务的统筹规划、分类指导和政策监管；要充分发挥市场机制在城市社区服务中的作用，鼓励个体经济参股或兴办社区服务企业；要充分发挥资源共享机制在城市社区服务中的作用，引导社区内各企事业单位开放服务设施，提高服务资源的社会化程度。

五　切实搞好城市社区治安工作，促进社会和谐稳定

要积极构筑以社区民警为主导、社区治保会和物业保安为依托，社区居民积极参与的群防群治网络，落实社会治安综合治理责任制，规范和维护社区生活秩序；要做好刑释解教人员的安置帮教工作，维护好妇女儿童和未成年人的合法

权益；加大"六五"普法宣传和居民群众法制教育，关心青少年的思想道德建设，加强社区、学校及周边区域的治安整治，不断优化青少年成长环境。

六 切实做好城市社区文化建设，努力促进社会进步和文化繁荣

要充分利用城市社区文化站、社区课堂、社区广场等文化活动设施，积极开展丰富多彩、健康有益的文化、体育、科普、教育、娱乐等活动，倡导科学文明健康的生活方式；要积极开展创建学习型社区、学习型楼院、学习型家庭、学习型居民活动，不断提高居民素质，营造鼓励人们干事业、支持人们干成事业的社会氛围，为经济发展和社会进步注入强大动力；要通过多种活动形式，向社区居民群众展示新旧西藏对比，大力开展感恩教育，要让各族居民群众知道"惠在何处，惠从何来"，从而让居民群众自觉树立反对分裂、维护稳定的意识，坚定跟党走的信心和决心。

七 切实改善城市社区人居环境，促进人与自然和谐发展

要加强对城市社区环境的综合整治，切实搞好社区的绿化、美化、净化，为社区居民群众营造干净、整洁、卫生的生活环境；要健全社区环境保护管理制度，建立传染病、公共卫生、食品安全等公共事件的反应机制，不断提高公共危机应对能力；要大力普及环保和公共卫生突发事件知识，不

断强化社区居民群众环保意识，提高自救互救能力；要积极引导社区居民自觉按照可持续发展的要求，推行绿色消费，选用清洁能源，配合做好垃圾无害化处理，共同建设美好社区家园。

第二节　拉萨市加强社区治理工作的宏观政策

一　实现治理理念创新，把拉萨市社区治理工作与社区规划结合起来

城市社区建设和治理工作是一项复杂的系统工程，要把这项城市基础工程做好，必须要有明确的建设治理目标和科学、合理、可行的建设治理规划。拉萨市城市社区建设和治理的目标，在指导思想上应以党中央提出的"完善城市居民自治、建设管理有序、文明祥和的新型社区"为指导，构建新型城市社区的组织系统和治理体系，构建与西藏市场经济特点相适应的城市社区治理体制和运行机制，逐步形成以社区居民为核心的社区服务网络体系。鉴于此，必须要把理念创新引入城市社区建设和治理工作中，坚持与时俱进，以治理理念的创新来带动治理实践的创新。同时，在城市社区治理的各项工作中，作为西藏自治区首府城市的拉萨市应从民族特色和区域经济社会发展实际出发，把社区治理活动与社区科学规划工作结合起来。和谐文明城市社区创建和治理工作是一个持续、完整的动态过程，必须要有组织、有计

划、按步骤、有条不紊地开展。因此，拉萨市必须遵照
《全国城市社区建设示范活动指导纲要》和《全国社区建设
示范城基本标准》两个重要文件的精神，因地制宜地制定
拉萨市城市社区建设和治理总体规划，严格按规划所制定的
指导思想、目标任务和对策措施来扎实推进社区的各项建设
和治理工作，不断提高拉萨市城市社区建设和治理的整体
水平。

二　实现治理体制创新，把政府职能转变与拉萨市社区自治结合起来

当前，党政机构改革、国有企业改革、社会保障制度改
革、医疗制度改革正向纵深发展，大量社会管理、居民服
务、公共事务从政府、国有及国有控股企业的职能中分离、
转移、延伸出来，大量由单位直接管理的"单位人"变成
了由社区管理的"社区人"。因此，社会改革的深化、管理
的移位以及由此而引起的思想波动，迫切要求在加强城市社
区的管理职能、社会职能和服务职能的同时，充分发挥社区
的自治力量，上下联动，共同实现社区的治理创新。目前，
拉萨市政府及其职能部门应该不断转变管理职能，实现工作
重心下移，把贴近居民群众、服务社区、服务居民群众作为
自己工作的重点，寓服务于管理之中。在城市社区治理中，
重点做好疏解情绪、化解矛盾工作，防止和避免因改革而
出现大的思想动荡和危及社会政治稳定的不安定因素。在
拉萨市基层社区治理体制创新过程中，一定要把基层政府

转变职能与社区自治结合起来，强化社区民主治理与居民自治，但其前提还是要求政府转变职能，特别是区、街道和专业部门要转变职能，只有基层政府的职能转变了，才能理顺基层政府与社区的关系、驻区单位与社区的关系、物业管理与社区的关系。在克服城市社区治理行政化倾向的同时，全面实施社区居民自治，从根本上解决城市治理体制机制上的基本矛盾，从而形成以政府为主导，以社区为载体，居民参与为核心的一体化的新型城市社区的治理体系。

三　实现治理机制创新，把城市社区基础设施建设与拉萨市社区运行机制结合起来

在拉萨市城市社区建设与治理中，在实现治理体制创新的同时，必须在治理机制创新方面下功夫，把社区的治理工作同社区有效运行结合起来，逐步培育稳定的政府主导机制和治理模式，建立社区有效治理机制，提倡高效的民办公助机制，开创社区公民广泛参与机制，形成方便居民群众的服务机制等运行机制，使处于形式化甚至是边缘化的社区活动开展起来，使城市社区建设和治理的各项事业在各级党和政府领导下实实在在地发展起来。因此，拉萨市在开展城市建设与治理过程中必须重点开展以下几方面的工作：一是以点带面，发挥典型示范作用，引领社区各项工作的全面推进。以目前拉萨市社区创建和治理成绩突出的雪居委会、当巴居委会、雄嘎居委会等社区为典型，通过这些典型的示范作用

和辐射作用，去影响和带动整个拉萨市城市社区建设和治理。二是突出特色，实现拉萨市城市社区的特色化发展。社区发展重在特色，拉萨市城市社区的建设和治理工作有别于内地城市社区，要突出民族特点、地域特点和人文特点，使其在多样化、多元化的氛围中实现全面发展。三是以城市社区服务为突破口，带动社区的全面建设。只有不断加强社区服务，努力提高社区服务质量，才能增强社区居民的凝聚力和认同感，才能提高广大居民社区参与和民主管理的积极性，进而全面带动社区政治、社区经济、社区科教、社区文化、社区治安、社区环境、社区卫生等各项建设共同发展。四是以加强城市社区的组织领导，带动社区各项事业的大繁荣。拉萨市要通过加强城市社区自组织建设，把各种利益取向的不同组织融入社区建设和治理的共同体中，以高度组织化的形式全面带动社区建设和发展，实现社区各项事业的大繁荣、大发展。

四 实现理论创新，把城市社区治理的理论研究与实践发展结合起来

从 20 世纪 90 年代开始，我国城市社区建设和治理工作逐步开展，进入 21 世纪后，全国掀起了城市社区治理和建设的热潮。城市社区建设和治理从试验区的试点到全国全面推开，确实取得了一些成绩，涌现出了一批先进典型。但从目前发展的整体态势来看，最突出的缺憾主要体现在两个方面：一方面是城市社区治理理论研究工作相对滞后，

理论指导实践的作用没有充分发挥，使一些地方的社区治理和建设出现了盲目、无序发展等倾向；另一方面对社区建设和治理中涌现的典型和成功经验缺乏提炼、总结和积极推广，并在很大程度上影响了城市社区各项事业的深入发展。

针对这种缺憾，拉萨市在深化城市社区建设和发展过程中，应该以理论创新为先导，组织理论工作者研究当前城市社区治理中出现的新情况、新问题，一手抓发展，一手抓研究，通过理论研究与实践发展的结合，去总结新经验，推广新典型，提炼新成果，指导新实践，不断把拉萨市城关区的城市社区建设和治理工作引向深入。

第三节　拉萨市加强社区治理工作的对策建议

在城市社区建设和治理工作中，必须要严格按照科学发展观的要求，号准脉搏，对准问题，找准对策，切实做到高度重视、健全机构、配强人员、完善制度、配套建设、严格管理、服务到位。城市社区建设和治理是拉萨市开展强基惠民活动以及群众路线教育实践活动的生动体现，是夯实社会局势稳定的基础工作。因此，这是一项庞大的社会系统工程，涉及千家万户的切身利益，需要全社会的共同参与，需要各级政府、各部门、各单位、各基层社区的积极参与，齐头并进、通力合作，既要做到部门职责分工明确，又要做到协调配合，密切沟通联系，逐步形成全拉萨市城市社区建设"管理一盘棋、设计一张图"的工作格局。

一 加强宣传教育工作，营造城市社区建设和治理的良好氛围，形成全社会共同参与的强大合力

城市社区建设和治理工作涉及全体居民群众的共同利益，这里所指的居民群众不仅是没有单位的居民，还包括社区内有单位的居民。城市社区建设和治理工作离不开社区居民的归属感，需要全社会的共同努力，更需要广大社区居民群众的支持，必须做好宣传教育引导工作，营造良好的社会氛围。一是拉萨市的宣传、文化、教育等部门要制定城市社区建设宣传教育计划，发动各类新闻媒体、各级学校等采取多种形式广泛宣传城市社区建设的重大意义、指导思想、工作原则和政策措施、主要做法等，让社区建设和治理的基本政策和具体实施办法深入民心，温暖人心，以使社区自身能够更好地化解社会矛盾，最大限度地促进社会和谐和社区平安；二是通过广泛深入的宣传教育，引导广大城市社区居民群众踊跃参与到社区建设中来，增强居民群众对社区的认同感，努力提高社区居民的科学文化素质，营造文明向上的社区氛围，真正做到"人民社区人民建、人民社区人民管、人民社区人民爱"；三是学习内地城市社区建设的先进经验，推广精品城市社区建设和治理的典型经验，驻区单位和社区居民也要积极主动地参与各项建设工作，形成齐抓共管的社区工作局面。

二 改革和创新城市社区建设与治理的体制与模式

(一)努力培育城市社区"主体"组织体系

一是建立和健全拉萨市城市社区党的基层组织。在城市社区中建立党的委员会、总支委员会、支部委员会和党小组等基层党组织,制定和严格执行社区党组织的工作制度和管理制度,制定合理的社区党建工作规划,逐步形成缜密的社区基层党组织体系和党建工作机制,充分发挥党的基层组织在社区建设和治理中的领导作用和战斗堡垒作用。

二是建立和健全拉萨市城市社区居民代表大会的组织机构和工作制度制定和严格执行社区居民代表大会的组织制度、议事制度和日常工作制度,使居民代表大会在社区建设和治理工作中充分发挥民主决策、民主管理、民主参与和民主监督的作用。在大会闭会期间,建立代议制度,通过正式授权的形式,授权社区议事协商委员会代行其职权,开展社区建设和治理的决策活动。

三是建立和健全拉萨市城市社区居民自治体系。在社区居民委员会的领导下,建立起以社区楼长、社区单元组长、社区成员代表大会代表为主体的社区民主自治体系,通过各种途径激发这些骨干民主参与社区建设和治理的积极性和能动性,使他们发挥最大的潜能,成为城市社区治理和建设的中坚力量。

表 6 - 1　社区治理主体结构

政　府	市　场	社　会
政治秩序	市场秩序	社会秩序
行政机制	市场机制	社会机制
行政、法律	竞争、交换	道德、自愿

（二）努力培育城市社区建设与治理的专业组织和非政府组织

拉萨市要按照"依靠社区成员的民主自治、依靠社会力量、解决社会问题"的城市社区治理原则，在加强培育城市社区治理主体组织的同时，不断建立健全社区的专业组织。

一是按城市社区各项业务种类成立相应的"专业组织"。拉萨市所辖各社区要在各级党委和政府的领导下，在社区居民委员会的直接指导下，按照社区居民的年龄结构、职业结构、性别结构、民族结构以及宗教信仰等因素，成立相应的"专业机构"。例如：按照居民人口构成特点，成立社区妇女协会和老年人协会；按照社区服务、社会保障、社区教育、社区文化、社区卫生、社区治安、社区社会工作、社区信息化管理等功能的构成，成立社区志愿者协会、社区治安综合治理协会、社区计划生育协会、社区文化教育协会、社区环境卫生与健康协会等群众性专业组织，充分依靠和调动社区各类人群的力量，强化社区的自我服务、自我教育、自我管理和自我约束的功能，整合各种资源，大力提高社区的工作成效和服务质量,大力提高社区居民的生活质量和幸福感。

二是按照民族社区文化大发展和大繁荣的要求,成立社区文化组织。拉萨市所辖各社区要在社区居民委员会的直接指导下,根据社区居民日益增长的文化生活的需要,成立社区的文化艺术协会、体育健身协会、科学普及协会、读书协会、法律宣传协会等各种业余爱好及兴趣组织。以这些社区文化组织为依托,积极开展丰富多彩的形式多样的具有民族特色的社区文化活动,以此来占领拉萨市城市社区的文化阵地,陶冶社区居民的道德情操,塑造社区居民健康的道德品质,丰富社区居民的业余文化生活,提高社区的文明程度和社区成员的文明素质。

三是按照充分整合社区治理资源、形成整体效益的原则,成立驻社区单位联合会。拉萨市所辖各社区要在居民委员会的协调下,与社区内各种性质的单位加强联系和沟通,成立社区企事业单位联合会。以联合会为平台,充分调动和依靠驻社区单位的力量,挖掘和使用社区内各单位的人力、物力、财力、智力等各种资源,壮大和提高社区自我服务与治理的能力,共同推进城市社区建设和发展。

四是群团组织和社会团体要通过社区协会,加强业务指导,充分发挥社会力量来开展城市社区治理和建设。拉萨市的工会、团委、妇联、科协、计生、妇女、残疾人联合会等群团、社团组织要根据自身的业务范围和专业特点,把社区的"专业协会组织"作为工作的载体,通过街道办事处和社区居委会，不断加强对社区各种专业协会组织的业务指导，帮助专业协会开展社区服务活动。街道党委全部改设为街道党工委，作为城关区党委的派出工作机构，由城关区党委授权，在社区工作开展党建和思想政治工作，进行政治领导，在城市社区建设和治理工作中起到核心作用。同时，在社区治理工作的领导过程中，要理顺各级各类组织的关系，做到权力明确、职责清晰。例如：街道党工委与街道办事处是领导与被领导关系，与政府有关职能部门的派出机构是双重领导关系，与辖区内其他系统的党组织是组织、指导、协调关系，与辖区内各居民区党支部是领导关系。只有领导和隶属关系厘清了，各机构之间才能有力地协调和配合，发挥整体效益和功能，社区治理工作才能顺利地开展。目前，拉萨市要结合机构改革，根据社区辖区的地理范围以及居民人口数量来确定社区居委会干部职数。结合自治区正在开展的"强基层、惠民生"活动，从各级党政机关、事业单位机关选派一批政治素质较好、文化程度较高、工作能力较强并有

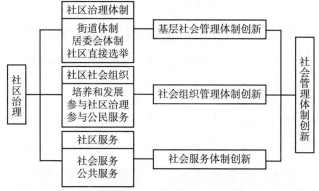

图 6-1　社区治理与社会管理体制创新分析框架

一定培养潜力的优秀年轻干部到社区居委会担任职务，进一步优化社区居委会领导班子的结构。同时，通过自治区地方公务员招考工作，采用公开选拔的方式，从大中专毕业生中为每个居委会选拔工作人员，充实拉萨市城关区城市社区治理和建设的力量。

三　加快城市社区制度建设，推动社区建设和治理工作的可持续发展

一是要立足基层，尊重社区各族居民群众的创造精神，及时总结和推广社区建设和治理工作实践中的好经验。鼓励创新，鼓励创造，从政策上促进，从制度上保证基层组织和社区居民的创造力，形成各具特色、充满活力的城市社区建设和治理格局。二是民政、街道工委等部门要加强社区治理的制度化和规范化建设，健全社区建设和治理政策配套法规，明确社区配套设施建设相关规定，探索资源共享、资源整合配套政策和社区服务机构管理办法；科学制定社区民间组织管理办法，大力培育和发展社区中介组织；加快社区救助体系建设，加强对困难群众、优抚对象、残疾人、老年人等社区特殊群体的社会保障、社会救助、社会福利的制度建设；通过制度建设不断扩大社区居民的知情权、参与权、表达权、决策权、监督权；加强和指导社区居委会的选举工作，推进社区民主选举、民主决策、民主管理、民主监督，不断增强社区自治管理能力。三是拉萨市的各部门、各街道要积极参与社区建设和治理的综合协调、工作指导，及时提

出工作要求及任务，加强对所辖社区建设的督导检查工作，及时提出建议，进行指导，帮助决策。四是建立完善开展城市社区和安全居住小区的创建活动考核制度，加强对社区干部的管理和考评，建立对社区干部能者上、平者让、庸者下的动态管理办法，逐步推进城市社区工作的制度化、规范化、法制化建设。

四　培养城市社区基层组织的治理能力，提高基层治理水平

（一）理顺城市社区工作关系

城关区政府及各街道办事处切实支持和帮助社区居委会依法开展工作，努力实现政府行政管理与社区居民自我管理的有效对接、政府依法行政和社区依法自治的良性互动。落实社区工作准入制度，社区只负责如下工作：负责社区重大事务协调，为各级领导提供及时、准确的决策信息；负责社区的党建工作，负责协同纪检、宣传和统战工作；负责社区后勤的行政管理财务和机关办公用品、物资的发放及保管；接待处理本辖区内居民群众的来信来访工作；负责社区与街道和区直部门的联络工作；负责协同街道做好人民武装及民兵工作；负责组织发展社区服务工作；负责"六城同创"基层基础工作；负责社区辖区内市政设施的监督管理；负责管理、指导物业公司工作；贯彻落实综治工作有关指示，并负责组织实施；掌握、分析辖区内的治安形势、维护稳定和工作动态，及时向上级领导和部门反馈信息；贯彻落实党和

国家的民族宗教方针、政策，并组织实施；宣传落实国家有关法律、法规；负责和协助有关部门对辖区内宗教活动场所及僧尼的监督管理；负责归国藏胞统计与上报管理工作；负责协助有关部门开展交通安全、消防工作和安全生产工作；负责协助司法和调委会工作开展；负责流动人口服务与管理工作；负责重大节日、宗教活动辖区内的安全防范工作。其他工作应交由相应的行政部门完成，社区居委会协助完成。

（二）规范城市社区治理工作

城关区政府及街道办事处积极引导城市社区围绕中心工作，服务发展，积极做好社区人口、治安卫生、计生、环境等政府委托的社区事务，落实"门前三包"（包卫生、包秩序、包绿化），实现城区管理全覆盖。做好开发建设征地拆迁中的政策宣传和居民教育工作，协助搞好居民安置。开展为外来务工人员教育、维权、救助、咨询等管理与服务项目。做好离退休人员社会化管理与服务工作。建立社区退休人员管理服务联系卡制度，实现人性化管理，逐步使退休人员社会化管理率达到98%以上。深入做好计划生育宣传教育、入户调查、登记统计、计生服务专项工作，逐步使社区居民对计划生育工作的满意率达90%以上，社区内常住人口和流动人口均无政策外生育（非管理因素而导致的政策外生育除外）。

（三）建立城市社区社情民意表达机制

充分发挥城市社区居委会反映群众意见和要求的作用，建立社区专职工作者分片包户制度，社区居委会成员定期入户、入单位走访，主动了解社情民意的机制，形成街道和社区办理居民诉求的快捷通道。

（四）健全城市社区共建机制

城关区政府及各街道办事处发动驻社区单位、物业管理机构、社区民间服务组织和社区居民积极参与社区事务管理，并能充分发挥各种人力、物力、财力和智力资源优势。力争到"十二五"期末，90%以上的辖区单位与居民委员会签有共建协议，并建立共建机制；社区内机关、团体、企事业单位的文化、体育等场所和设施，在不影响工作、生产和教学秩序的前提下，最大限度地对社区开放，并实行无偿或以成本费用服务。

五 加强公民自治与社区自治，不断提升公民参与和社区参与的水平

（一）政府积极创造条件，引导城市社区逐步提高自治能力

1. 建立城市社区治理专项资金

政府投入是城市社区建设和治理的基本保障，但社区建设和治理是全社会的事情，要在政府财政转移支付的基础上，建立社区治理专项资金。首先，政府的财力是有限的，不可能对社区所有的事务都进行财力投入；其次，如果社区过分依赖政府的财政拨款，将会导致社区难以摆脱政府组织的不合理任务的摊派，导致行政化倾向严重。因此，建立城市社区治理专项资金不但能弥补财政拨款的不足，还是增强

社区居委会财政自主权的一个有效办法。同时，城市社区建设和治理还需要得到社会各方面的资助和支持，如社区兴办公益事业所需资金，可以通过自愿的方式由受益的社区成员共同筹集。随着市场经济的发展，社会捐赠也将成为社区建设和治理经费的一个重要组成部分。所以，建议政府可以根据不同情况制定相关法规，规定向社区提供公益性捐款的企业可在一定程度上享受税收减免的优惠，以促进更多的社会力量融入社区的治理工作中。

2. 建立符合城市社区治理改革需要的人事任免制度

对于城市社区居委会的成员任免，改变过去"街聘民选"的方式，所需人员由社区面向社会公开招聘，真正做到民主选举；同时基层政府将对居委会成员的考核授权给社区居民大会，对于不称职的居委会成员社区居民大会有权将其免职。

3. 加强城市社区居委会的自治

主要应理顺城市社区中的几种关系：首先是基层政府与社区居委会的关系。对于基层政府来说，应转变自己的职能，切实改变以往的工作方式和作风，由管理社区转变为服务社区，从而尊重和保障社区居委会的自治地位。其次是城市社区居委会与社区全体成员之间的关系。两者之间是共治、共享、共有的关系。最后是社区居委会与社区内物业管理公司的关系。居委会作为社区自治组织，是社区全体成员利益的代表，担负着对社区内的物业公司的监督与协调的职责。同时，社区居委会也要大力协同本社区内的物业公司搞好物业管理和服务。

4. 成立业主委员会

业主委员会是联系业主和物业公司的纽带，代表和维护着房产所有人、使用人的合法权益。它在相关机构和制度的指导下负责制定业主委员会章程，能够在选择物业公司、监督和检查社区内物业公司工作的实施、协助物业公司进行管理工作方面发挥积极的作用。可以说，业主委员会是代表广大业主的共同意愿，保护社区内业主合法权益的非常有效的组织形式，它的组建有利于明确物业公司与业主之间的责、权、利关系，有利于物业管理市场形成竞争机制，在社区治理中发挥着重大作用。但到目前为止，拉萨市城关区城市社区内部尚未产生一个完全意义上的业主委员会。所以建议有条件的城市社区要积极探索并成立业委会。这样，业主的合法权益才能得到主张和维护，可以减少物业公司与居民的矛盾，业委会与业主间的良好互动也必然能更好地推动和谐社区的建设。

（二）培育公民社会，提高城市社区居民参与意识和能力

1. 增强城市社区居民的归属感和参与意识

加强居民与城市社区间的联系，是提高社区居民的民主参与程度和积极性的突破口。城市社区要通过开展一系列的共同活动去激活人们的相互需求，增强人们之间的凝聚力。一切有利于增强社区归属感和凝聚力的活动都要积极鼓励居民参与。另外，城市社区要经常性地组织范围广泛的讨论，多方面征求社区居民的意见，逐步培养社区居民的主人翁意识。社区管理组织也应建立吸纳民意、积聚民智的渠道，例如，建立健全走访居民制度、临时扩大会议制度（遇到关系社区全局利益的重大事务时）及社区居民报名列席旁听居委会会议制度等，不断提高社区居民的参与意识。

2. 普及科学文化和法律知识，提高社区居民参与能力

加强城市社区教育理念宣传，树立普及社区教育的良好舆论导向，使广大社区居民作为社区教育的参与主体，对社区教育正确认识、积极关注，树立尊重知识、尊重科学的思想观念，向往学习，主动参与到社区教育中来。采取"一校两牌"学校和社区对口的模式，积极开展政策法规宣传及公民道德教育，开展科技文化知识普及教育，逐步培育社区居民群众阅读能力和学习习惯，逐步提高社区居民的参与能力。

3. 挖掘宗教中的积极因素，提高信教居民的参与热情

西藏信教群众人数众多，这就更需要挖掘宗教中的积极因素，充分发挥宗教在城市社区建设和治理中的积极作用。特别是，藏传佛教崇尚和谐，追求和平，是一个不断适应社会发展的宗教，拉萨市在城市社区治理过程中发挥宗教的积极作用就要做到以下几点：一要全面正确地贯彻落实党的宗教信仰自由政策，这是最基本也是最重要的；二要坚持依法管理宗教事务；三要努力挖掘宗教教义中的积极因素（如藏传佛教中的"十善业""六度"等基本道德信条）。通过促使藏传佛教教义与社会主义核心价值体系相适应，努力提高广大信教群众的社区参与意识。

六　拓展城市社区服务领域，积极开展便民服务

（一）健全城市社区服务机构

明确政府在推进城市社区服务中的责任，加强统筹规划、政策引导和监督管理工作。各街道办事处要把街道服务中心建设工作纳入议事日程，切实加强领导，确保两年内所有街道社区服务中心、社区服务站全部建设到位。到"十二五"期末，拉萨市所辖各社区都能设立捐助站等慈善机构，逐步建立社会捐助网络。参照内地街道社区服务中心的运作方式，整合现有的服务资源，调整组织机构，理顺工作关系，明确职能定位，制定管理办法。各相关部门要加强业务指导，把本部门需要街道办事处配合的工作任务，按照责权统一、"费随事转"的原则提出切实可行的实施细则。

（二）完善城市社区服务设施

加大政府财政资金的投入，拓宽资金筹集渠道，鼓励社会力量对社区建设事业的捐赠和投资，形成社区服务事业发展长效机制。改进街道层面的行政管理和服务工作，改善"一站式"办事大厅和社区用房条件，为居民提供便捷优质的服务。原则上，街道社区服务中心达到1000平方米左右，办事大厅达到200平方米。大力推进城市社区信息化建设。积极推动电子政务公共服务延伸到社区，逐步增加服务内容，扩大服务范围，提高服务质量，实现电子政务、教育培训、就业指导、医疗保健、养老救治等方面的信息服务。利用各种公共基础设施，整合各类信息系统和资源，逐步构建

统一的社区信息平台，加强常住人口和流动人口的信息化管理，改善城市社区的管理和服务水平。

（三）拓展城市社区服务内容

建立完善的医疗、教育、住房、司法救助制度，加快研究出台相关配套政策，保障困难群众基本生活权益。组织社区工作者、社区志愿者建立"送温暖小组""爱心小分队"等扶危帮困民间服务组织；鼓励失业人员在社区服务领域自谋职业或者自主创业，为失业人员提供社会保障服务，到"十二五"期末，拉萨市基本消灭有劳动能力和就业愿望的零就业家庭；落实抚恤定补人员就医优待，体现国家和社会的特殊照顾，使他们的生活达到或略高于当地居民的平均水平；以家庭为基础，社区卫生服务机构为依托，开展社区残疾人康复。大力宣传残疾人按比例就业政策，扶持残疾人在社区内个体就业和自愿组织起来就业，力争到"十二五"期末，社区残疾人工作联络员配备基本到位；按照有一个社区绿色网吧、一个少儿图书室、一个家庭教育指导学校、一支校外德育辅导员队伍、一套有效管理体制的"五个一"要求，切实解决城市社区未成年人活动场所和师资力量等实际问题；坚持政府主导，完善城市社区卫生服务的各项配套政策，加大对社区公共卫生服务的经费投入，建立健全服务网络，大力开展疾病预防、医疗、保健、康复、健康教育和计划生育技术指导等社区卫生服务。力争到"十二五"期末，拉萨市能够建立机构设置合理、服务功能健全、人员素质较高、运行机制科学、监督管理规范的社区基本公共卫生体系，社区居民在社区就可以接受疾病预防等公共卫生服务和一般常见病、多发病的基本公共医疗服务。

表6－2　评估社区服务体系的指导大纲

焦　点	任　务
A. 了解需要	1. 确定特点群体
	2. 确定需要的层次
	3. 评估特定群体的需要
	4. 确定集体性的社区需要
B. 确定赞助者和主办人	5. 考察非正式的服务提供单位
	6. 考察中介性的单位
	7. 考察正式的服务提供单位
C. 确定服务体系的能力	8. 确定这些单位之间的联系

资料来源：埃伦·内廷、彼德·凯特纳、史蒂文·麦克默特里著《社会工作宏观实务》，刘继同、隋玉杰等译，中国人民大学出版社，2006。

（四）加强城市社区服务队伍建设

一是进一步完善城市社区专职工作者队伍分级负责培训制度。拉萨市城关区负责培训社区党组织书记和居委会主任，教育培训采取专题培训、挂职学习、参观交流、以会代训等多种形式，增强针对性和实效性。社区"两委"成员任期中培训时间不少于20天，教育培训的内容要适应经济社会发展的要求，重点学习马克思主义理论和党的路线方针政策，社会工作、科技文化、法律法规等方面的理论知识，以及岗位必备的技能，提高政策理论水平和实际工作能力。建立城市社区专职工作队伍，逐步完善社区工作者工资增长机制和工作奖励机制，促进社区工作队伍健康稳定发展。探索建立社会工作者职业资格认证制度，逐步将符合条件的社区工作人员纳入社会工作者职业序列，建设一支职业化、专业化、知识化社区专职工作者队伍。二是建设社区志愿者队伍。推行志愿者注册制度，引导社区居民自觉参与社区公益事业和公共服务，形成参与社区活动的长效机制。培育和发展社区志愿组织，壮大社区志愿者队伍，动员社区居民中的共产党员、共青团员、国家公务员、专业技术人员和有一技之长的人士积极加入社区志愿者队伍。到"十二五"期末，使拉萨市所辖城市社区的志愿者人数达到社区常住人口的10%以上。

七　加强城市社区文化建设，实现社区文化和谐发展

（一）开展思想道德建设活动

全面开展以"树立社会主义核心价值观""中国梦"为主要内容的宣传教育，大力弘扬以爱国主义为核心的民族精神和以改革创新为核心的时代精神，积极培育社区居民的社会公德、职业道德和家庭美德，在拉萨市的每一个社区形成"人人为我，我为人人"的良好风尚。

（二）推进城市社区教育

城市社区教育以立足社区、依靠社区、服务社区为原则，充分利用、拓展和开发社区现有教育资源，面向社区居民开展内容丰富、形式多样的教育培训活动。健全社区教育机制，逐步建立社区居民终身教育体系。大力培养社区教育骨干，完善"专职人员为骨干、兼职人员为主、广大志愿者为基础"的社区教育工作者队伍，各街道要配有社区教

育专干。进一步开展创建学习型社区、学习型楼院、学习型家庭活动，逐年提高学习型组织占社区组织的比例。充分发挥社区科普学校设施齐全、制度成熟和科普志愿者专业覆盖面广的资源优势，大力开展环保节能、卫生保健、食品安全、心理咨询等科普教育活动，向社区群众提供全方位多层次的科普服务，为提高社区群众的科学素质服务。

（三）加强城市社区文体组织建设

培育和扶持各类群众文艺社团、体育组织，加强基层文体基本队伍建设，大力培养群众文艺骨干、文化辅导员和体育指导员。力争到"十二五"期末，拉萨市每个社区都拥有一名文化辅导员，每个社区组织一支以上群众文化活动队伍；每个社区拥有一名体育指导员，70%的社区建有社区体育协会，居委会建有体育健身小组，引导建立集组织、场地、活动于一体的社区体育俱乐部。每年用于全民健身活动的经费达到常住人口人均10元以上，并逐年增加。

八　强化城市社区治安，构建社区治安防范体系，确保社区平安稳定

（一）健全城市社区治安防范体系和网络

运用现代科技手段，全面提升城市社区治安管理、安全防范水平。一是推进警力下移，落实城市社区警务工作制度，构筑以110便民警务站和社区警务室为平台，社区民警为主导，社区治保会、物业保安等群防组织为依托，社区居民积极参与的群防群治网络，维护社区生活秩序。健全社区

警务室的服务功能，把解决纠纷、解答咨询、受理投诉举报等工作前移。二是深入开展城市社区平安创建活动，发挥好社区治保组织的作用。努力完善治安保卫、民事调解、安置帮教、社区矫正、流动人口管理等各项工作制度，整合和壮大专职兼职相结合的治安巡逻队伍。到"十二五"期末，仅拉萨市城关区城市社区的群防群治队伍就应达到2万人以上。

（二）加强城市社区法制宣传教育工作，开展法律咨询服务

拉萨市的每个社区应有法制宣传橱窗、法律图书角和一支法制宣传教育队伍，有条件的还应有一所社区居民法制学校，广泛开展经常性的法制宣传教育活动，引导居民学法、知法、守法、用法。开展"法律援助进社区"活动，不断完善法律援助网络，开展便民利民的法律援助工作。与相关高校的法学院加强联系，成立"社区法律诊所"，不断壮大社区法律服务志愿者队伍，组织居住在社区的律师、公证员、调解员、基层法律服务工作者开展法律咨询，提供法律服务。全面开展"民主法治社区"创建活动，依托社区法制学校、法律图书室、法制宣传栏等平台，充分发挥社区法律志愿者的能动性，大力建设管理有序、文明祥和的和谐安全社区。

（三）做好城市社区治安综合治理工作

加强城市社区人口综合管理，制定以居住地为主的人口管理政策规定，建立健全流动人口租赁房屋管理制度，探索和加强流动人口的分类管理，依法有效地预防纠纷，化解矛盾，维护稳定。拉萨市城市社区在这方面的工作重

点应该是，继续做好刑释解教人员的安置帮教以及转化工作，做好社区矫正、社区禁毒、社区消防和社区减灾等工作。完善社区人民调解工作机制，及时排查和调处人民内部矛盾。畅通社情民意反映渠道，逐步建立民情报告、民意调查、干部访谈、心理咨询、民生诉求和矛盾调解等社区疏导机制，及时了解社区居民群众的愿望，帮助其解决实际困难。

（四）强化城市社区应急减灾工作

依托拉萨市灾害应急救援中心，加强城市社区义务消防应急救援队伍建设，开展防灾知识培训、公众防灾教育和应急演练，增强广大社区居民防灾减灾意识，提高社区灾害应急管理水平。

九　全力推进城市和谐社区建设和治理，打牢维护稳定和反分裂斗争的社会基础

城市社区是城市社会运行的基本单元，是密切政府与群众联系的重要桥梁。加强社区治理和建设对于巩固党在城市工作的组织基础和群众基础，加强城市基层政权建设，提高拉萨市城关区各族人民的生活质量和文明程度，维护社会总体稳定，筑牢反分裂斗争的群众基础都具有十分重要的意义。城市社区建设和治理就是要以邓小平理论和"三个代表"重要思想为指导，以科学发展观和构建社会主义和谐社会的精神为依据，以目前正在如火如荼开展的群众路线教育实践活动为契机，认真按照"民主法治、公平正义、诚

信友爱、充满活力、安定有序、人与自然和谐相处"的要
求，努力把城市社区建设成为居民自治程度较高、社会秩序
稳定、社会保障充分、生活环境舒适、公共服务完善、各种
社会群体和谐相处的现代城市社会生活共同体，为建成高水
平的小康社会和现代化的社会主义和谐社会奠定坚实的基
础。城市社区居委会是基层群众性自治组织，其主要任务是
加强社区治理工作，搞好社区服务、社区保障、社区治安和
其他社会公共事务；组织社区居民进行有效的自我管理、自
我服务、自我教育、自我约束；为城市发展创造一个安定、
有序、和谐的社会环境。加强城市社区建设和治理要以服务
居民群众为重点，以提高广大社区居民生活水平为最终出发
点和落脚点，以社区居民自治为方向，以维护社会稳定为基
础，以文化活动为载体，以坚持和完善党的领导为关键，推
进科学发展，促进社会和谐，把城市社区建设成为西藏和谐
社会稳定的基石。拉萨市和谐社区建设和治理主要思路是：
一是要树立把居住在社区的所有人都纳入社区服务管理范畴
的观念。二是要扎实做好社区居民群众的思想政治工作，教
育引导他们始终坚定正确的政治方向。三是要抓好社区的安
全稳定和环境卫生工作，切实让社区居民们能够真正有安全
感，过安稳日子。四是要健全社区党组织。社区党组织是社
区各类组织和各项工作的领导核心，在街道党（工）委领
导下开展工作。根据属地管理原则，居住在社区的市、区属
国有企事业单位退休党员、流动党员及未建立党组织的非公
经济组织和其他民办组织中的党员，其组织关系均转入社区

党组织，参与社区党组织活动。五是要加强社区自治组织建设特别是社区层面的专业协管员队伍和社区志愿者队伍建设。加大社区居民小组成员和楼门院长队伍建设，广泛调动社区内热心于公益事业的志愿者尤其是广大党员志愿者参与社区建设和治理的各项工作。改善社区居委会办公条件，加大对社区居委会的财力投入，保障和满足社区服务各族居民群众的需求。

十　发挥宗教积极作用，鼓励宗教界人士积极参与城市社区治理

拉萨市的城市社区治理工作是一项系统工程，是由多种因素相互影响、相互作用所构成的统一体，它需要多方主体共同参与，共同行动，取得整体的效益和结果。就拉萨市城关区的城市社区建设和治理而言，不仅需要各级政府、居民自治组织、社区居民、专业机构、非政府组织以及驻区单位等主体的共同参与，也需要宗教组织积极参与社区治理和建设工作，发挥宗教组织和宗教界爱国人士在社区建设和治理中的重要作用。党的十八大报告提出要"全面贯彻党的宗教工作基本方针，发挥宗教界人士和信教群众在促进经济社会发展中的积极作用"。一般来讲，宗教的作用在于四个方面，即：社会控制作用、社会凝聚作用、心理调节作用以及宗教的交往作用。如果我们能够发挥这四种作用的积极方面，不但能够引导宗教与社会主义社会相适应，而且能使宗教在构建社会主义和谐社区的过程中发

挥积极的作用。做好新形势下的宗教工作，发挥宗教在城市社区建设和治理方面的积极作用和深远影响，关键在于要全面理解和认真贯彻党的宗教政策。就目前来讲，拉萨市城关区主要是做好以下两个方面的工作：一是正确执行和全面贯彻落实党的宗教政策和民族政策，保证城市社区居民宗教信仰自由的权利；二是开展宗教管理的法治建设，坚持依法管理宗教事务。依法治理宗教、依法管理宗教组织是我国实施依法治国的重要内容，拉萨市城市社区内有一部分藏传佛教的寺庙和伊斯兰教的清真寺，社区居委会要对这些寺院进行依法管理、民主管理，引导寺院、僧尼及信教群众遵纪守法、爱国爱教，为社区建设和社会稳定做出自己的贡献。

十一 改善城市社区的人居环境，促进人与自然和谐发展

（一）加强城市社区环境综合整治

建立城市社区绿化档案，做到绿树有人护、绿地有人管。积极推进治理噪声污染、油烟污染、扬尘污染和水资源的再生利用等工作。加强城市社区机动车辆、非机动车辆停放管理，维护社区整洁有序的环境。健全社区环境保护管理法规和制度，建立传染病、公共卫生、食品安全、灾害事故紧急事件反应机制，不断提高公共危机应对能力。对可能发生在社区的安全事故隐患要在街道（镇）和社区有备案，并有相应的处理预案。

（二）加强环保设施建设

城市社区内建筑物要求布局合理、功能完善，与环境相互协调、相互依存，无违章现象；大力整治城区中小型道路和建筑工地周边地带，整治占绿、毁绿现象，城市社区内的绿化覆盖率不低于30%，并实行垃圾分类和雨污分流。

（三）提高城市社区居民环保意识

社区居委会要经常性地开展环保宣传活动，大力普及环保知识，增强社区居民群众环保意识，提高居民自救互救能力。社区居民要自觉按照可持续发展的要求，改变不适合要求的生活方式和生活习惯，推行绿色消费，选用清洁能源，配合做好垃圾无害化处理，共同建设美好社区家园。

十二　加快"村改居"建设步伐，全面推进城市化进程

（一）加快推进"村改居"步伐

为了适应拉萨市城关区经济社会发展的要求，加快"村改居"步伐，按照"居住社区化、就业非农化、资产股份化、福利社保化"的要求，逐步实现农村向城市、村民向居民的转变，全面推进城市化的进程。

（二）妥善做好"村改居"社区集体资产处理

按照"资产构成股份化、运作管理企业化、利润分配红利化、监督约束法制化"的要求，规范"村改居"进程中村集体资产的运营和管理，妥善解决集体资产量化到人的问题。

（三） 全面落实社会化保障制度

全面落实"村改居"社区居民基本养老保险制度，组织和鼓励符合参保条件的人员积极参保，做到应保尽保。完善合作医疗制度，逐步提高参保人员的补助标准和保障水平，切实解决失地农民因病致贫、因病返贫的问题。力争到"十二五"期末，拉萨市实现参与合作医疗的社区居民人数比例达到100%。完善最低生活保障制度，把符合条件的低收入社区居民家庭全部纳入低保范围，及时调整最低保障标准，逐步按照城镇居民的标准享受待遇，确保低收入社区居民家庭的生活水平。

（四） 有效推动失地农民就业

"村改居"社区可根据实际需要，逐步设立劳动保障工作站。开展劳动就业服务，引导失地农民转变观念，促进就业，鼓励创业，加强社区居民就业技能培训。结合"村改居"工作，开发诸如卫生保洁员、治安协管员、市场管理员等社区自我服务的工作岗位，优先解决大龄居民就业。

（五） 抓好两委班子队伍建设

由于"村改居"社区两委班子成员经验不足，一定要按照城市社区治理和建设的要求，采取各种有效办法提高"村改居"社区干部的素质。通过下派干部、交流挂职等形式，不断改善两委班子结构。加强"村改居"社区干部培训，组织学习考察，不断提高两委班子做好社区工作的能力。

十三 加强城市社区党建工作，促进党群干群关系的和谐

（一）明确城市社区党组织的工作职责

城市社区党组织要把工作的重点放到凝聚群众共同奋斗上来，联系群众、宣传群众、组织群众、服务群众、团结群众共同创造幸福生活。城市社区党组织还要巩固发展党员群众团结奋斗的共同思想基础，建设体现社会主义先进文化要求，传承中华民族传统美德，符合城市社区自身实际的社区文化和道德规范；动员组织党员群众推进经济社会发展；领导支持人民群众依法当家做主；把服务群众作为基本任务和开展工作的切入点不断抓实抓牢。

（二）加强城市社区党组织自身建设

重视城市社区党组织班子建设，推进党内民主，健全党内生活，建立使党员"长期受教育，永葆先进性"的长效机制。科学合理设置社区党组织，具备条件的设立社区党委。加强党员队伍建设，认真做好发展党员工作，确保发展党员质量；重视加强和改进退休人员、失业人员、流动人员中党员的教育管理工作。建立健全街道流动党员服务站、社区流动党员登记站、社区在职党员联络站等。为了适应社会化管理的需要，拉萨市要加强街道兼职组织员制度和社区党建协管员队伍建设，落实在职党员双重管理，完善在职党员参与社区党建工作的监督约束机制，探索社区党建网络化管理。社区党组织要重视完善服务、凝聚党员的工作机制，鼓励开展党员新进社区必访、

党员遇到困难必访和党员遇到问题必访等活动，充分发挥共产党员的先锋模范作用。要把城市社区统战工作纳入社区党建的整体框架，统筹规划，搞好落实。拉萨市统战部门要加强同组织、宣传、民政等部门的联系，协调、指导、督促基层深入开展社区统战工作，推动社区统战组织和成员积极参与社区民主政治建设。

（三）发挥城市社区党组织领导核心作用

城市社区党组织要正确处理与社区其他组织的关系，引导社区各类组织增强党的观念，自觉接受社区党组织的领导。社区党组织要主动作为，在社区各类组织的组织制度建设和工作活动方面发挥领导作用。

十四　加大政府财政投入，为城市社区建设提供保障

一是政府要加大投资的力度。财政部门要把社区用房建设经费、社区办公经费、社区干部工资福利列入财政预算，并逐步增加。要加大对福利性、公益性社区服务的投入，解决社区服务基础薄弱以及资金、场地短缺等突出问题。同时，社区工作用房以及社区公共场所的建设，要纳入公共设施配套建设规划。建立多渠道资金筹集机制，鼓励社会力量对社区建设事业的捐赠和投入，建立政府支持、社会力量捐助的社区发展资金来源渠道和长效机制。规范社区建设经费管理和监督，制定社区建设经费使用和管理的办法，明确经费收支程序、使用范围和监督途径，保证社区建设经费的公

开、透明和合理使用。

二是建立城市社区单位、社会团体和个人投资与捐助的多渠道筹资机制，以加快城市社区硬件设施和软件建设的步伐。市、区、街都要把城市社区建设经费纳入财政预算，建立市、区、街三级财政保障机制。以财政资金保障社区居民委员会都有高标准的办公用房，有一定数量的办公经费和工作经费。广泛发动驻社区单位、各类组织和个人以资金、房产、设备、技术、信息、劳动投入等多种形式，共同加大对社区建设的有效投入，形成社会各界多元化的财力投入机制。要大力开办社区第三产业，安置下岗职工，发展社区经济；还应开发社会捐赠和资助渠道，吸纳国内外企事业单位、社会团体及个人的资金。建立城市社区发展基金，以保证社区建设事业既有坚实的经济基础作保证，又有稳定可靠的资金来源。

三是建立事权财权统一的财力支撑体系。各职能部门要在分清事权、明确责任的基础上，按照责权利统一的原则，对有关专项经费进行分割，需社区居民委员会协办的事情，应将经费拨至社区，实行"谁办事、谁用钱"。同时，应动员和鼓励辖区内各企事业单位、社会团体投资、捐资于社区建设，并动员居民集资兴办本社区的公益事业。

四是注重整体规划，不断完善城市社区基础设施建设，逐步改善社区办公条件。城市社区基础设施是社区组织提供服务、开展管理活动的有效平台。社区基础设施、办公条件不齐全、不完备，势必影响其服务和管理功能的有效发挥。首先，拉萨市发改、财政等部门要积极组织研究制定、实施社区建设和治理总体规划，将社区建设发展纳入国民经济和社会发展年度计划，成为社会发展的重要内容。同时，拉萨市的城建、环保部门要将城市社区建设纳入城市规划，着眼于城市建设发展的整体性、长远性，把社区基础设施建设纳入城市规划，提出社区基础设施建设的具体项目、建设标准和落实措施，形成政府规划、多渠道集资、有关方面共驻共建的机制，使社区的基础设施不断完善，以适应社区工作发展的需要。其次，要抓紧制定推进城市社区发展规划，把建设城市社区作为一项基础工作来抓，把城市社区建设同做好当前的重点工作结合起来，把谋布局同打基础结合起来，既体现普遍要求，又符合本地特色，增强指导性、针对性和可操作性。最后，要充分利用拉萨市作为西藏自治区首府城市的区位优势，协调有关部门，鼓励和引导社会资金投入社区服务设施建设，运用专项资金重点支持、促进社区服务设施的改善。

十五　加大城市社区建设和治理工作的调查研究力度，不断提高指导治理城市社区的工作水平

城市社区建设和治理是一项新的重大使命，也是一项复杂的系统管理工程，还有许多规律性的东西我们尚未掌握。随着经济社会的转型，各种新的矛盾不断凸显，许多新情况、新问题也会不断出现。因此，迫切需要我们在立足于拉萨市城关区城市社区治理实践的基础上，加强调查研究，加强理

论攻关，加强对建立健全社区党组织领导下的充满活力的居民自我管理机制的研究，加强对完善和培育社区组织体系的研究，加强民族社区治理模式的研究。我们要紧紧围绕社会稳定见成效这一目标要求，紧密结合拉萨市城关区城市社区治理工作的目标，针对社区治理和服务的方式方法，开展对行政机制、市场机制、资源共享机制、志愿机制共同发挥合力的机制的理论研究。要坚持"一手抓实践推进，一手抓调查研究"，通过专题调研、理论研讨等形式，研究符合国情、区情以及拉萨市实际情况的建设城市社区的理论和实践，不断提高指导工作水平，通过边实践、边总结、边提高，不断推动城市社区建设和治理整体水平的提高。

和谐凝聚力量，和谐成就伟业。社区治理工作是城市工作的主题，是城市社会管理的一项重要任务，是城市发展稳定的一项与时俱进的伟大事业。拉萨市党委、政府要以争先创优活动和强基惠民活动为契机，紧紧围绕科学发展观的要求，进一步解放思想、探索思路、创新机制，通过共同参与、群策群力、共同奋斗，为建设拉萨市和谐社区、平安社区、文明社区做出应有的贡献。

结 语

    改革与创新社区治理工作是一项复杂而庞大的系统工程，它不仅涉及社会发展的相关问题，还涉及政府公共治理的一些领域。社区治理体制改革与创新呈现出了"社会化"、"基层化"、"综合化"和"互助化"的趋势，突出了政府职能转变和公民社会成长的要求，也体现了我国民主政治建设的要求，正如李普塞特所指出的，一个社会民主政治的过程和民主政治的生活，要看这个社会各个组织内部的权力关系和权力运作（李普塞特，1997），社区治理体制机制改革对于社会制度、社会政策、社会立法、社会机制的探索也促进了我国和谐社会的建设。在整个"十二五"时期，中国仍然处于重要的战略机遇期，机遇前所未有。在当代中国，坚持发展是硬道理的本质要求，就是坚持科学发展观和群众路线，更加注重以人为本，更加注重全面协调可持续发展，更加注重统筹兼顾，更加注重保障和改善民生，促进社会公平正义。因此，全国上下都要以正在深入开展的群众路线教育实践活动为契机，深化社区治理体制改革研究，创新社区治理体制，完善社区建设和治理机制，加快构建有利于科学发展的体制机制，改革和创新社区治理工作才能拥有广阔的前景。

西藏拉萨市地处青藏高原腹地，由于受特殊的历史、地理和社会因素的影响，特别是西藏各族人民同以达赖集团为代表的分裂势力之间的特殊矛盾的存在，拉萨市的经济社会发展还比较落后，社会还不是十分的安宁和稳定，市场经济和社会组织发育不健全，拉萨市的社区治理工作呈现出行政化、法制不健全以及组织管理力量薄弱等缺陷，与城市社会转轨变型的趋势以及社区治理模式创新的要求仍有差距，需要进行改革。西藏拉萨市各级党委、政府必须厘清完善城市社区治理工作的具体思路，健全城市社区建设与治理的组织体系，组建城市社区居民自治的治理网络，逐步创建学习型社区，大力发展社区服务事业，加强社区干部队伍建设等，从而建立科学有序、先进高效的民族地区社区治理模式。

参考文献

Hillery, GA. (1955) Definition of Community: Areas of Agreement, Rural Sociology, Vo1. 20.

Tischler, H. (1990) Introduction to Sociology, 3rd ed., Fort Worth: Holt, Rinehart and Winston, Inc.

北京新时代教育研究会:《社区治理项目研究报告》,《北京新时代网站》2008 年第 1 期。

蔡禾:《社区概论》, 高等教育出版社, 2005。

查尔斯·霍顿·库利:《社会过程》, 华夏出版社, 2000。

陈潇:《社区公共事业管理》, 北京邮电大学出版社, 2007。

陈宁:《共同体的幻象——对近年来社区建设与社区研究的反思》,《长春理工大学学报 (社会科学版)》2006 年第 3 期。

陈伟东:《社区自治: 自组织网络与制度设置》, 中国社会科学出版社, 2004。

陈伟东、李雪萍:《社区治理与公民社会的发育》,《华东师范大学学报 (人文社会科学版)》2003 年第 1 期。

程玉申:《中国城市社区发展研究》, 华东师范大学出版社, 2002。

方明、王颖：《观察社会的视角——社区新论》，知识出版社，1991。

费孝通：《乡土中国》，民族出版社，1998。

高永久：《城市社区少数民族居民利益的演变》，云南民族大学出版社，2007。

高永久、刘庸：《城市社区少数民族居民利益的演变》，《云南民族大学学报（哲学社会科学版）》2005年第6期。

姜振华：《社会资本视角下的社区治理》，《河南社会科学》2005年第4期。

姜振华、胡鸿保：《近十年来中国城市社区研究的理论视野》，《中国青年政治学院学报》2006年第6期。

靳永翥、李世凡、彭吉黔：《城镇化进程中的西部城乡社区治理与自治类型研究》，《云南社会科学》2006年第4期。

雷晓明：《市民社会、社区发展与社会发展——兼评中国的社区理论研究》，《社会科学研究》2005年第2期。

李强：《当前我国社会分层结构变化的新趋势》，《江苏社会科学》2004年第6期。

李学春：《城市社区自治的社会基础》，《西北师范大学学报（社会科学版）》2002年第3期。

林流：《国外社区及社区管理情况简介》，上海人民出版社，1997。

刘继同：《相对自主国家市场与社区关系模式的战略转变》，《毛泽东邓小平理论研究》2003年第3期。

刘娴静：《藏区寺院与学校在社区功能之比较》，云南民族大学出版社，2006。

刘娴静：《城市社区治理模式的比较及中国的选择》，《社会主义研究》2006 年第 2 期。

娄成武、孙萍：《社区管理学》，高等教育出版社，2006。

马戎：《民族与社会发展》，北京大学出版社，2001。

马寿荣：《都市民族社区的宗教生活与文化认同——昆明顺城街回族社区调查》，《思想战线》2003 年第 4 期。

马晓燕、刘敏：《社区建设中的国家与社会关系模式》，《甘肃社会科学》2005 年第 6 期。

牛海峰、杨晓峰：《论构建和谐社会时期社区民主化的政府推动力》，《长春工业大学学报（社会科学版）》2005 年第 3 期。

〔美〕帕克城：《城市社会学》，宋俊岭等译，华夏出版社，1989。

潘小娟：《中国基层社会重构》，中国法制出版社，2006。

塞缪尔·P.亨廷顿：《变化社会中的政治秩序》，王冠华等译，三联书店，1989。

〔美〕桑德斯：《社区论》，徐震译，黎明文化事业股份有限公司，1982。

唐新忠：《中国城市社区建设概论》，天津人民出版社，2007。

汪大海等：《社区管理》，中国人民大学出版社，2005。

汪德军：《加强反分裂斗争，维护西藏社会局势稳定》，《西藏日报》2006 年 6 月 24 日。

王慧敏、秦伟：《藏区寺院与学校在社区中的功能之比较——阿科里社区研究》，《川西南民族学院学报（哲学社会科学版）》2002 年第 11 期。

王俊、刘阳：《加强城市文化建设对构建和谐社区的重要意义》，《齐齐哈尔大学学报》2008 年第 11 期。

王瑞华、杨贵华：《社区自组织能力建设的政策途径》，《科学社会主义》2008 年第 3 期。

文军、张赛军：《社会资本与社区脱贫——对社会资本独立性功能的分析》，《西北师范大学学报（社会科学版）》2006 年第 3 期。

吴志华：《大都市社区管理研究》，高等教育出版社，2008。

奚从清、沈赓方：《社会学原理》，浙江大学出版社，1994。

奚丛清：《社区研究——社区建设与社区发展》，华夏出版社，2007。

夏建中：《城市基层政府管理模式的转型：对于一个街道社区的个案研究》，《河南社会科学》2005 年第 4 期。

夏建中：《中国公民社会的先声——以业主委员会为例》，《文史哲》2003 年第 3 期。

夏学銮：《中国社区建设的理论架构探讨》，《北京大学学报（哲学社会科学版）》2002 年第 1 期。

谢菊：《社区建设中地方政府的行为模式初探》，《理论导刊》2002 年第 10 期。

徐立军：《对加强我国少数民族社区文化建设的思考》，《贵州民族研究》1996 年第 4 期。

徐晓军：《社区走向阶层化》，《社会》1999 年第 7 期。

徐徐：《关于城市社区自治立法的思考》，《绵阳师范学院学报》2007 年第 6 期。

徐勇、陈伟东：《社区工作实务》，高等教育出版社，2003。

徐勇、陈伟东：《中国城市社区自治》，武汉出版社，2002。

徐中振、徐珂：《走向社区治理》，《上海行政学院学报》2004 年第 1 期。

杨贵华：《社区建设与我国城市基层社会整合机制的创新》，《科学社会主义》2006 年第 2 期。

于洪俊:《宁越敏城市地理概论》,安徽科技出版社,1983。

岳天明、高永久:《民族社区文化冲突及其积极意义》,《西北民族研究》2008年第2期。

张宝峰:《现代城市社区治理结构研究》,中国社会出版社,2006。

张俊芳:《中国城市社区的组织与管理》,东南大学出版社,2004。

张晓玉:《和谐社区构建中的公民参与问题研究》,《四川行政学院学报》2008年第3期。

赵梦萱、王思斌:《走向善治与重建社会资本——中国城市社区建设目标模式的理论分析》,《江苏社会科学》2001年第4期。

郑杭生:《社会学概论新修》,中国人民大学出版社,2001。

周林刚:《社区治理中居民参与的制约因素分析》,《福建论坛》2008年第12期。

周文建:《宁丰城市社区建设概论》,中国社会出版社,2001。

周业勤:《场域论视角下的城市社区建设》,《上海大学学报(社会科学版)》2006年第4期。

朱健刚:《城市街区的权力变迁 强国家与强社会模式——对一个街区权力结构的分析》,《战略与管理》1997年第4期。

附　录

附录一　拉萨市城关区社区治理
调查问卷

社区居民朋友：

为推进民族和谐社区建设，提高社区治理和建设的质量和效率，城关区民政局本着以人为本的服务理念，进一步完善政府在社区治理和建设中的作用，使社区工作做到扎实有效，符合需求。为此，我们以匿名的形式进行此次社区居民调查，希望您配合，认真填写。

如果此次调查给您带来不便，敬请谅解。谢谢合作！

您的职业：　　　学历：　　　性别：　　　年龄：

1. 您认为社区是何种性质的组织

A. 自治组织　　　　　　　B. 行政组织

C. 不知道

2. 您对社区组织的活动是否满意

A. 满意　　　　　　　　　B. 基本满意

C. 不满意　　　　　　　　D. 无所谓

3. 您所在社区活动的组织者多为

A. 街道办事处　　　　　　B. 居委会

C. 业主委员会　　　　　　D. 物业

4. 您认为谁在领导您所居住的社区

A. 街道办事处　　　　　　B. 居委会

C. 业主委员会　　　　　　D. 物业

E. 居民代表大会　　　　　F. 其他

5. 您参加业主大会或居民大会的次数

A.1~5 次/年　　　　　　B.5 次以上/年

C.10 次以上/年　　　　　D. 没参加过

6. 您参加社区工作最主要的经费来源

A. 政府投入　　　　　　　B. 街道拨款

C. 辖区单位　　　　　　　D. 社会捐赠

7. 您通过什么来了解社区的一些情况（多选）

A. 媒体宣传　　　　　　　B. 有关文件

C. 小区宣传栏　　　　　　D. 社区横幅

E. 社区开展的活动　　　　F. 其他

8. 您认为近年来政府在社区的权力是

A. 扩大　　　　　　　　　B. 缩小

C. 没变化　　　　　　　　D. 不知道

9. 您认为政府在社区中的权力应该是

A. 扩大　　　　　　　　　B. 缩小

C. 没变化　　　　　　　　D. 不知道

10. 您认为政府在社区治理中的角色应该是（多选）

A. 倡导者 　　　　　　　B. 指导者

C. 支持者 　　　　　　　D. 管理者

E. 协调者 　　　　　　　F. 其他

11. 办事处工作人员到社区了解情况

A. 1 次／月 　　　　　　B. 1 次／半月

C. 很少 　　　　　　　　D. 没有

12. 您认为居委会和街道办事处之间的关系是

A. 上下级关系 　　　　　B. 协作关系

C. 指导关系

13. 社区治理需要哪些方面的努力（多选）

A. 政府 　　　　　　　　B. 社会中介组织

C. 社区自治组织 　　　　D. 居民

14. 您认为社区治理中的工作内容应如何划分（在符合答案的选项后画"√"）

社区党建 　　　　　　　家政服务

文化娱乐 　　　　　　　再就业

卫生整治 　　　　　　　社会福利

体育健身 　　　　　　　科普法律

环保卫生 　　　　　　　计划生育

医疗卫生 　　　　　　　社会治安

便民商业 　　　　　　　车辆停放

附录二

您认为政府在社区治理和建设工作中最需要加强哪些方面（在符合答案的选项后画"√"）

加强精神文明建设，提高居民素质

解决就业和社会保障问题

加强社区服务与社区建设

经济适用房和廉租房建设

加强对物业管理部门的监督

扩大绿化面积，优化居住环境

加大资金投入，加强社区基础设施建设

维护社区治安

加强外来流动人口管理

为居民参与社区管理提供平台

其他

附录三　拉萨市社区建设调查问卷

（居民个人）

填写须知：请在您认准的答案上打"√"，或在空白处填上文字。

一、您的性别：

1. 男　　　　　2. 女

二、您的民族：

1. 藏族　　　　2. 汉族　　　3. 其他民族

三、您今年多大年龄（请填写阿拉伯数字）：_____周岁

四、您目前的身份是：

1. 学生

2. 在职（专职干部、工人、私营企业主等）

3. 离退休人员

4. 下岗失业人员

5. 其他

五、您知道社区居委会在哪里吗？

1. 知道　　　　2. 不知道　　　3. 听说了但不太清楚

六、本届居委会选举您参加了吗？

1. 参加了　　　2. 没参加

七、您认识社区党支部书记吗？

1. 认识　　　　2. 不认识　　　3. 听说了但不太清楚

八、您认识社区居委会主任吗？

1. 认识　　　　2. 不认识　　　3. 听说了但不太清楚

九、您参加过社区组织的居民文化体育活动吗？

1. 经常参加　　2. 偶尔参加　　3. 没参加过

十、您对所居住的社区满意吗？

1. 非常满意　　2. 满意　　　　3. 一般

4. 不满意　　　5. 非常不满意　6. 不清楚

十一、您是否曾经向社区党支部或居委会提出过改进服务的建议?

1. 提过　　　　2. 没有

十二、您或您的家人是否参加过社区组织的志愿者活动?

1. 参加过　　　　2. 没参加

十三、您是否认为,作为社区居民,您只需对自己的家庭负责,而不需要对所居住的社区负责呢?

1. 是　　　　2. 否

十四、每个居民的首要责任应是赚钱,是吗?

1. 是　　　　2. 否

十五、有利于社区的就有利于您,是吗?

1. 是　　　　2. 否　　　　3. 不一定

十六、如果每个人都关心他们自己的事,社区会变得更好吗?

1. 是　　　　2. 否　　　　3. 不一定

十七、每个人一心都只为自己不顾他人,是吗?

1. 是　　　　2. 否

十八、保持社区卫生是社区保洁的责任,与您无关,是吗?

1. 是　　　　2. 否

十九、难以讨论社区事务,因为不成熟的因素太多了,您是这样认为的吗?

1. 是　　　　2. 否

二十、社区官员在执行一个主要的市政计划之前是否要听取公众意见？

1. 是　　　　　2. 否　　　　　3. 与我无关

二十一、社区发展只与少数领导人有关，是吗？

1. 是　　　　　2. 否

二十二、您所在的社区居住条件需要改善吗？

1. 是　　　　　2. 否

二十三、您在社区里有朋友吗？

1. 有　　　　　2. 没有

二十四、您感觉在社区里容易找到真正的朋友吗？

1. 容易　　　　2. 困难

二十五、政府官员按照他们自己的意愿在管理社区，没有考虑您的感受，是吗？

1. 是　　　　　2. 否　　　　　3. 视具体情况而定

二十六、社区居委会做的事很少，是吗？

1. 是　　　　　2. 否

附件四　拉萨市社区建设调查问卷

（社区负责人）

填写须知：请在您认准的答案上打"√"，或在空白处填上文字。

一、您的性别：

1. 男　　　　　2. 女

二、您的民族：

1. 藏族　　　　2. 汉族　　　　3. 其他民族

三、您今年多大年龄（请填写阿拉伯数字）：_____周岁

四、您的文化程度：

1. 小学及以下　　　2. 初中

3. 高中或中专　　　4. 专科或本科　　5. 研究生

五、您在社区组织中的身份是：

1. 党支部书记　　　2. 党支部委员

3. 居委会主任　　　4. 居委会成员　　5. 其他

六、您的月收入是：

1. 1000 元以下　　　　　　2. 1000～2000 元

3. 2000～3000 元　　　　　4. 3000～5000 元

5. 5000 元以上

七、目前社区为居民提供的服务主要有：

1. 下岗再就业工作　　　2. 低保工作

3. 医疗保健工作　　　　4. 环境卫生工作

5. 社区治安　　　　　　6. 开展文化体育活动

7. 调节邻里纠纷　　　　8. 其他

八、在实际工作中，社区居委会承担任务的来源是：

1. 政府下派第一，居民求助第二，居委会自主开展第三

2. 政府下派第一，居委会自主开展第二，居民求助第三

3. 居民求助第一，居委会自主开展第二，政府下派第三

4. 居民求助第一，政府下派第二，居委会自主开展第三

5. 居委会自主开展第一，居民求助第二，政府下派第三

6. 居委会自主开展第一，政府下派第二，居民求助第三

九、政府下派任务中较难完成的是（限选3项）：

1. 达标检查　　　　　2. 统计报表

3. 档案整理　　　　　4. 计划生育

5. 社会治安综合治理　6. 其他

十、政府部门下派的任务是否有足够的经费支持？

1. 经费足够　　　　　2. 经费基本够

3. 经费不够　　　　　4. 无经费支持

十一、社区与城关区政府实际的工作关系是：

1. 领导与被领导关系　2. 管理与被管理关系

3. 新型合作关系　　　4. 说不清楚

十二、您认为影响社区工作的主要因素是（限选5项）：

1. 经费短缺

2. 居民参与不足

3. 辖区单位不配合

4. 民间组织发育不够

5. 社区工作者知识、技能不够

6. 政府部门内部权责不明确、关系不顺

7. 政府组织与社区组织权责不明确、关系不顺

8. 社区党支部与居委会权责不明确、关系不顺

9. 社区居委会与物业管理部门关系不顺

10. 其他

十三、社区规模（人口数量、人口构成、人口分布）。

十四、拉萨市城市社区服务是从何时开始的？

十五、社区的行政组织的网络架构是怎样的？谁在管理社区？

十六、有无社会组织、营利机构或居民个人参与拉萨市的社区管理之中？

十七、社区服务的具体内容有哪些？

十八、社区服务人员的编制问题？

十九、社区的财政来源与支出有多少，财政来源主要来自哪些单位或个人，财政支出主要用在哪些方面？

二十、社区有无志愿服务组织，若有，请问它们主要从事哪些活动？

二十一、社区的文化生活情况如何，有无组织在领导？

二十二、社区的民主参与情况如何，有无居民个体与社区间的互动？

附录五　社区诊断量表

社区诊断量表是用于对一个社区进行诊断研究的。博斯沃夫的"社区取向尺度"的设计是由社区成员的验证来评估社区进步取向的水平的；菲斯勒的"社区整合指标"主要是测量社区成员的整合，这个尺度用于确定社区进步和整合之间的关系；"社区评估量表"是查明商人、劳工、领导人、部长、教师、福利工作者等不同群体的不同观点的一个实用设计；"社区服务活动记分卡"用于评估社区服务活动的参与情况，由此探讨社区成员的进步性和社区服务活动的关系将富有成效。每个尺度都揭示了研究关于社区参与和进步与职业、教育、社会阶层、年龄、性别和婚姻状况这类背景因素的关系的可能性。

量表一：社区取向尺度

● 被测变量：进步取向的水平从社区生活的以下方面反映：①一般的社区改善；②生活的条件；③商业和工业；④健康；⑤娱乐；⑥教育；⑦青年活动；⑧公用事业；⑨通信。

● 描述：社区进步的含义是通过许多来自不同社区的成员提出一些他们认为代表进步或非进步的陈述，并对此进行横向分析来确定的。这些陈述所提出的 364 个命题，分别被放入"李克特模型"的五点格式中，由领导人组成的问答代表小组单独指出每一个命题是进步的或是非进步的。测验显示有 60 个命题是最具有差异的。这 60 个命题被编入三个分尺度里，每个尺度有 20 个题目。这三个分尺度被确定为社区整合、社区服务和社区公民职责。

● 出版地：克劳德·博斯沃夫的一篇博士论文，提交密执安大学，1954 年。

● 可信度：项目 $n = 60$，$r = 0.56$。

● 有效度：显著区分进步组和非进步组的总平均分为 0.25。

● 实用性：这个尺度无论用于访谈还是问卷都是容易掌握的，调查时间约需 20 分钟。

社区取向尺度

	很同意	同意	一般	不同意	很不同意
（社区服务分尺度）					
1. 绝大部分地区在它们未开始任何新的社区改良计划前已足够好	（　）	（　）	（　）	（　）	（　）
2. 所有社区都应该鼓励进行更多的音乐和讲演节目	（　）	（　）	（　）	（　）	（　）
3. 就居住来说，这个社区是较好的	（　）	（　）	（　）	（　）	（　）
4. 长期的进步比近期利益更重要	（　）	（　）	（　）	（　）	（　）
5. 我们社区里有太多的社区发展组织	（　）	（　）	（　）	（　）	（　）
6. 家庭和教会应负责向青年传授婚姻知识及为人父母之道	（　）	（　）	（　）	（　）	（　）
7. 赡养老人的责任应由他们的家庭承担而不是社区	（　）	（　）	（　）	（　）	（　）
8. 社区里已有过多的青年培养计划	（　）	（　）	（　）	（　）	（　）
9. 大多数社区中的学校都是很好的	（　）	（　）	（　）	（　）	（　）
10. 制定社区计划所花费的时间太多	（　）	（　）	（　）	（　）	（　）
11. 成人教育应该作为当地学校规划的一个基本部分	（　）	（　）	（　）	（　）	（　）
12. 只有医生才对社区健康计划负责	（　）	（　）	（　）	（　）	（　）
13. 精神病不是全社区的责任	（　）	（　）	（　）	（　）	（　）

续表

	很同意	同意	一般	不同意	很不同意
14. 一个现代社区应提供社会机构的服务	( )	( )	( )	( )	( )
15. 市民的精神需要在教堂里可得到满足	( )	( )	( )	( )	( )
16. 为着发展,一个社区要提供更多的娱乐设施	( )	( )	( )	( )	( )
17. 教堂应该依据人口的增长来扩大和选址	( )	( )	( )	( )	( )
18. 市民的社会需要是对他们自己及其家庭负责,而不是对社区负责	( )	( )	( )	( )	( )
19. 学校应只重视"3R"课程,而忽视目前所提供的其他课程	( )	( )	( )	( )	( )
20. 社区发展计划不应该导致对商业的伤害	( )	( )	( )	( )	( )
21. 工业发展应包括扶持地方工业的目标	( )	( )	( )	( )	( )
22. 每个市民首要的责任应是为自己的钱包赚钱	( )	( )	( )	( )	( )
23. 镇上的工业太多会降低生活水平	( )	( )	( )	( )	( )
24. 那些倦于参与社区发展计划的市民有责任批评那些积极参与的人	( )	( )	( )	( )	( )
25. 有利于社区的就有利于我	( )	( )	( )	( )	( )

续表

	很同意	同意	一般	不同意	很不同意
26. 每个人应该按照自己的意愿来经商,同时也这样对待其他人	( )	( )	( )	( )	( )
27. 一个强大的商会对任何社区都是有利的	( )	( )	( )	( )	( )
28. 商会领袖们都反对大多数的社区居民福利事业	( )	( )	( )	( )	( )
29. 如果各人都关心他们自己的事业,社区会变得更好	( )	( )	( )	( )	( )
30. 任何社区组织的成员应该只出席对他个人有影响的会议	( )	( )	( )	( )	( )
31. 只有当整个群体都争取进步时,我们每个人才能取得真正的进步	( )	( )	( )	( )	( )
32. 不注意那些为他而工作的人们的抱怨的人都是贫穷的市民	( )	( )	( )	( )	( )
33. 如果我们都像农民关照他的农活那样关照我们的事业,一切都会更好	( )	( )	( )	( )	( )
34. 所有联盟都充满了社会主义者	( )	( )	( )	( )	( )
35. 好市民应该鼓励消息的广泛传播,包括那些对己对其组织不利的消息	( )	( )	( )	( )	( )
36. 好市民应当帮助少数派解决他们的问题	( )	( )	( )	( )	( )

	很同意	同意	一般	不同意	很不同意
37. 农民在我们的社会中有太突出的位置	（　）	（　）	（　）	（　）	（　）
38. 一个人只应参加那些能提起他的兴趣的组织	（　）	（　）	（　）	（　）	（　）
39. 每个人都以牺牲他人而一心自己	（　）	（　）	（　）	（　）	（　）
（社区公民职责分尺度）					
40. 忙碌的人不应该对城市计划负责	（　）	（　）	（　）	（　）	（　）
41. 保持城市清洁应是城市官员的责任	（　）	（　）	（　）	（　）	（　）
42. 如果不增加税收,社区发展计划是好的	（　）	（　）	（　）	（　）	（　）
43. 不成熟的因素太多,难以讨论社区事务	（　）	（　）	（　）	（　）	（　）
44. 一个进步的社区必须提供足够的停车设施	（　）	（　）	（　）	（　）	（　）
45. 政府官员在执行一个主要的市政计划之前应听取公众意见	（　）	（　）	（　）	（　）	（　）
46. 一个好市民应愿意在城市发展组织中担任领导人	（　）	（　）	（　）	（　）	（　）
47. 只要少数人参与就能很好地实现进步	（　）	（　）	（　）	（　）	（　）
48. 如果更少的人花时间于社区发展,社区会更好	（　）	（　）	（　）	（　）	（　）
49. 社区发展只与少数领导人有关	（　）	（　）	（　）	（　）	（　）

续表

	很同意	同意	一般	不同意	很不同意
50. 只有那些有大量时间的人才应对城市计划负责任	（　）	（　）	（　）	（　）	（　）
51. 社区中居住条件应该改善	（　）	（　）	（　）	（　）	（　）
52. 好市民应为社区发展而在请愿书上签名	（　）	（　）	（　）	（　）	（　）
53. 改造贫民区是浪费金钱	（　）	（　）	（　）	（　）	（　）
54. 警察应对外来人特别严厉	（　）	（　）	（　）	（　）	（　）
55. 已铺好的街道和路在大多数社区中是很好的	（　）	（　）	（　）	（　）	（　）
56. 由于污水增加，社区的排污系统必须扩大；即使这样做必须增加税收	（　）	（　）	（　）	（　）	（　）
57. 有些人只愿意生活在贫民区	（　）	（　）	（　）	（　）	（　）
58. 我们面对的主要问题是高税收	（　）	（　）	（　）	（　）	（　）
59. 现代的方法和设备应提供给城市行政管理的一切方法	（　）	（　）	（　）	（　）	（　）

量表二：社区整合指标

● 被测变量：初级农村社区成员之间的共识的量。

● 描述：测验八个涉及社区活动的领域：社区精神，人际关系，家庭对社会应负的责任，学校，教堂，经济行为，地方政府，压力。这八个领域涵盖于 40 个陈述之中，这些陈述由回答者根据他对陈述应用于社区的判断在五个选择上进行真伪评定。这五个选择按"非常真"到"的确假"排列。"非常真"的回答得 5 分，"的确假"的回答得 1 分。所有记分表得分的标准差被用于测量社区中共识和整合的程度。设定标准差越小，整合性越强。总平均分被作为社区成员关于社区性质的意见的指数来考虑。

• 出版地：菲斯勒（R. Fessler）：《社区整合测量尺度的发展》，《农村社会学》1952 年第 17 期，第 144～152 页。

• 可信度：折半信度 r 被描述得很高，但没有给出值。

• 有效度：表面效度。

• 实用性：这个指标测量一个重要的社区变量。当社区行动计划和社区整合之间的关系被查明时，这个测验对社区努力的成功或失败具有较高的预见性。

社区整合指标

	非常真	真	不能确定	假	的确假
1. 这个社区很难找到真正的朋友	（　）	（　）	（　）	（　）	（　）
2. 我们的学校在教导青少年如何进入生活这方面的工作做得很差	（　）	（　）	（　）	（　）	（　）
3. 本地舆论公正地对待每个人	（　）	（　）	（　）	（　）	（　）
4. 社区是非常和平和有秩序的	（　）	（　）	（　）	（　）	（　）

	非常真	真	不能确定	假	的确假
5. 这里许多人认为他们对你太好了	（　）	（　）	（　）	（　）	（　）
6. 社区中的家庭对其子女管得很严	（　）	（　）	（　）	（　）	（　）
7. 这里不同的教会相互合作得很好	（　）	（　）	（　）	（　）	（　）
8. 这里有些人认为谋杀也是小事一桩而其他人却对任何微小的不端行为大加责备	（　）	（　）	（　）	（　）	（　）
9. 几乎所有人对你都殷勤有礼	（　）	（　）	（　）	（　）	（　）
10. 我们的中小学为学生进入高校做了许多准备工作	（　）	（　）	（　）	（　）	（　）
11. 这里每个人都试图利用你	（　）	（　）	（　）	（　）	（　）
12. 周围的人都显现出很好的判断力	（　）	（　）	（　）	（　）	（　）
13. 人们不愿为社区而继续在一起工作	（　）	（　）	（　）	（　）	（　）
14. 父母教其子女尊重他人的权利和财富	（　）	（　）	（　）	（　）	（　）
15. 我们大部分的信徒当他们走出教堂就忘记了大家是兄弟的教义	（　）	（　）	（　）	（　）	（　）
16. 这个社区缺乏真正的领袖	（　）	（　）	（　）	（　）	（　）
17. 如果你坚持做与众不同的人，你会落个坏名声	（　）	（　）	（　）	（　）	（　）

	非常真	真	不能确定	假	的确假
18. 我们的高中生对把他们居住的社区变得更美好抱有浓厚的兴趣	（ ）	（ ）	（ ）	（ ）	（ ）
19. 这里少数的人占有了所有的财富	（ ）	（ ）	（ ）	（ ）	（ ）
20. 太多的年轻人陷入性困扰	（ ）	（ ）	（ ）	（ ）	（ ）
21. 社区对长期帮助年轻人所做的努力很大	（ ）	（ ）	（ ）	（ ）	（ ）
22. 人们不关心他们的孩子在做什么，只要他们能置身麻烦之外	（ ）	（ ）	（ ）	（ ）	（ ）
23. 教堂是使社区生活变得更好的一个有建设性的因素	（ ）	（ ）	（ ）	（ ）	（ ）
24. 市长和议员们按他们自己的意愿来管理这个镇	（ ）	（ ）	（ ）	（ ）	（ ）
25. 我很高兴自己属于这里	（ ）	（ ）	（ ）	（ ）	（ ）
26. 社区中许多年轻人未读完高中	（ ）	（ ）	（ ）	（ ）	（ ）
27. 这里的人都是吝啬鬼	（ ）	（ ）	（ ）	（ ）	（ ）
28. 你必须花许多钱才能被这里接纳	（ ）	（ ）	（ ）	（ ）	（ ）
29. 所有人都只关心自己的事业	（ ）	（ ）	（ ）	（ ）	（ ）
30. 许多人让他们一家在教堂或学校度过星期天	（ ）	（ ）	（ ）	（ ）	（ ）

基于和谐社会建设的拉萨社区治理研究

续表

	非常真	真	不能确定	假	的确假
31. 每个教堂都希望自己是最大的,给人印象最深的	( )	( )	( )	( )	( )
32. 少数人垄断了社区政治	( )	( )	( )	( )	( )
33. 这里大部分的大学生对读写学得很好	( )	( )	( )	( )	( )
34. 人们通常都只谴责其他人	( )	( )	( )	( )	( )
35. 本地人都希望他们的佣人过低工资生活	( )	( )	( )	( )	( )
36. 如果你碰巧出生于一个名声不好的地方,你在这里将是不走运的	( )	( )	( )	( )	( )
37. 看来没有一个人关心你的面貌如何	( )	( )	( )	( )	( )
38. 如果孩子们能置身于潮流之外,父母们就会满足地让他们做任何他们想做的事	( )	( )	( )	( )	( )
39. 大部分常去做礼拜的教徒都不会把他们的教义付诸实践	( )	( )	( )	( )	( )
40. 镇委会所做的事少得可怜	( )	( )	( )	( )	( )

量表三：社区评估量表

● 被测变量：评估社区生活的质量以及社区"良好性"水平。

●描述：10 个社区生活的既定领域分别被评定为"好""一般""差"。这些被选定的领域包括教育、住房建筑及计划、宗教、机会均等、经济发展、文化机会、娱乐、健康和福利、政府及社区组织。得分数由 0～100。

●出版地：纽约州城市委员会：《成人领袖》1952 年第 1 卷第 5 册，第 19 页。

●可信度：未知。

●有效度：表面效度。

●评分标准：好社区 = 90～100 分，一般社区 = 70～89 分，差社区 = 0～69 分。

●实用性：这个表格容易掌握，约需 10 分钟完成。评量者常会对做出恰当判断和确切的限定而感到困难。这是意料之中的。这个表格的优点是它允许个别评量者分析。来自商人、劳工、福利、教育和宗教的各个评量者对相同社区的评估通常有较大的差别。

●研究适用性：没有研究报告。然而这个量表显示了从社区质量方面来检验新的工业分布方式的可能性。社区质量及领导人之间的关系是一个应该探讨的重要领域。

图书在版编目（CIP）数据

基于和谐社会建设的拉萨社区治理研究/高大洪著.
—北京：社会科学文献出版社，2014.11
（西藏历史与现状综合研究项目）
ISBN 978 - 7 - 5097 - 5896 - 0

Ⅰ.①基…　Ⅱ.①高…　Ⅲ.①城市 - 社区建设 -
研究 - 拉萨市　Ⅳ.①D669.3

中国版本图书馆 CIP 数据核字（2014）第 067172 号

· 西藏历史与现状综合研究项目 ·
基于和谐社会建设的拉萨社区治理研究

著　　者／高大洪

出 版 人／谢寿光
项目统筹／宋月华　周志静
责任编辑／周志静

出　　版／社会科学文献出版社·人文分社 （010）59367215
　　　　　地址：北京市北三环中路甲 29 号院华龙大厦　邮编：100029
　　　　　网址：www. ssap. com. cn
发　　行／市场营销中心 （010）59367081　59367090
　　　　　读者服务中心 （010）59367028
印　　装／三河市尚艺印装有限公司

规　　格／开本：787mm × 1092mm　1/16
　　　　　印张：17.5　字数：250 千字
版　　次／2014 年 11 月第 1 版　2014 年 11 月第 1 次印刷
书　　号／ISBN 978 - 7 - 5097 - 5896 - 0
定　　价／89.00 元

本书如有破损、缺页、装订错误，请与本社读者服务中心联系更换

▲▲ 版权所有 翻印必究